Devenir Mentalement Plus Résistant en Bodybuilding en Utilisant la Méditation:

Atteignez Votre Potentiel en Contrôlant Vos Pensées Intérieures

Par

Joseph Correa

Instructeur Certifié de Méditation

DROITS D'AUTEUR

© 2016 Finibi Inc

Tous les droits sont réservés

La reproduction ou la traduction de toute partie de ce travail au-delà de ce qui est permis par l'article 107 ou 108 de la Loi sur le droit d'auteur aux États-Unis de l'an 1976, sans l'autorisation du propriétaire des droits d'auteur, est illégale.

Cette publication est conçue pour fournir des informations exactes et faisant autorité en ce qui concerne Le sujet traité. Elle est vendue avec la compréhension que ni l'auteur ni l'éditeur ne sont engagés dans la fourniture de conseils médicaux. Si des conseils ou une assistance médicale sont nécessaires, consultez un médecin. Ce livre est considéré comme un guide et ne doit pas être utilisé en aucune façon pour nuire à votre santé. Consultez un professionnel de la santé avant de commencer n'importe laquelle des pratiques de méditation ou de visualisations indiquées ici pour vous assurer qu'ils vous seront bénéfiques.

REMERCIEMENTS

A mes amis et ma famille qui m'ont motivé à toujours aller de l'avant pour réaliser mes rêves.

SOMMAIRE

Droits d'auteur

Remerciements

A propos de l'Auteur

Introduction

Qu'est-ce que la Méditation?

CHAPITRE 1: QUE PEUT VOUS APPORTER LA MEDITATION ?

CHAPITRE 2: COMMENT LES ATHLETES PEUVENT-ILS BENEFICIER DE LA MEDITATION ?

CHAPITRE 3: LES MEILLEURS TYPES DE MEDITATION POUR LE BODYBUILDING

CHAPITRE 4: COMMENT SE PREPARER POUR LA MEDITATION

CHAPITRE 5: DES MODES D'AMELIORATION DE LA PERFORMANCE RESPIRATOIRE QUE TOUS LES ATHLETES DEVRAIENT APPRENDRE POUR LA MEDITATION

CHAPITRE 6: ALIMENTATION ET MEDITATION POUR LE BODYBUILDER

CHAPITRE 7: LE POUVOIR D'UTILISER LA VISUALISATION EN BODYBUILDING

CHAPITRE 8: MEDITER POUR LE MAXIMUM DE RESULTATS EN BODYBUILDING

CHAPITRE 9: MEDITER POUR UNE PLUS GRANDE FORCE EMOTIONNELLE

CHAPITRE 10: MEDITER POUR UNE PLUS GRANDE ENDURANCE MENTALE

CHAPITRE 11: MÉDITER POUR RESOUDRE DES PROBLEMES

COMMENTAIRES DE LA FIN

D'AUTRES TITRES DE CET AUTEUR

Devenir Mentalement Plus Résistant en Bodybuilding en Utilisant la Méditation:

Atteignez Votre Potentiel en Contrôlant Vos Pensées Intérieures

Par

Joseph Correa

Instructeur Certifié de Méditation

A PROPOS DE L'AUTEUR

En tant qu'instructeur certifié de méditation, je crois fermement en l'exploitation de la puissance de l'esprit.

Ayant performé en tant qu'athlète professionnel, je comprends ce qui se passe dans votre esprit et comment les nerfs et la pression peuvent affecter votre performance.

Les trois plus grands changements dans ma vie étaient de passer d'un environnement d'entrainement aux poids à un entrainement basé sur la nutrition, la flexibilité améliorée, et l'environnement de concentration mentale, ce qui a provoqué un changement significatif dans ma performance et dans ma vie.

La méditation et la visualisation m'ont aidé à contrôler mes émotions et à simuler des compétitions actuelles avant même qu'elles n'arrivent.

L'ajout de yoga et de longues périodes d'étirements ont réduit mes blessures à près de zéro et ont amélioré mes réactions et ma vitesse.

Améliorer ma nutrition m'a grandement permis de continuer à exercer le plus possible dans des conditions climatiques difficiles qui m'auraient affecté dans le passé, en causant des crampes et des étirements de muscles.

De loin, la méditation et la visualisation pourront changer n'importe quelle discipline sportive. Vous verrez combien ces méthodes sont puissantes une fois que vous y passez plus de temps, et que vous consacrez un minimum de 10 minutes par jour à la respiration, la pensée en focus, et la concentration.

Ma connaissance et la pratique continue de la méditation et la visualisation en direct m'ont aidé a vivre sainement et a devenir plus fort tout au long des années, ce qui m'a bénéficié dans tous les aspects de la vie. Plus vous utilisez votre cerveau pour vous développer vous-même et tout ce que vous pouvez en obtenir, et le plus vous aurez envie de continuer à pratiquer la méditation et la visualisation.

Débloquez votre véritable potentiel en apprenant et en pratiquant la méditation et la visualisation à partir de maintenant!

INTRODUCTION

La méditation est l'une des meilleures façons de vous préparer pour atteindre votre véritable potentiel. Vous nourrir correctement et la formation sont deux des pièces du puzzle, mais il vous faut la troisième pièce pour avoir d'excellents résultats. La troisième pièce est la force mentale et c'est ce que vous pourrez obtenir par la méditation.

Les athlètes qui pratiquent la méditation régulièrement verront les résultats suivants :

- Plus de confiance durant la compétition.

- Un niveau de stress réduit.

- Une meilleure capacité à se concentrer pendant de longues périodes de temps.

- Une fatigue musculaire réduite.

- Des temps de récupération plus rapides après la compétition ou la formation.

- Meilleure capacité de contrôle du stress et de la nervosité.

- Contrôle des émotions lorsqu'ils sont sous pression.

Que demander de plus pour un bodybuilder?

Lorsqu'ils considèrent déverrouiller leur véritable potentiel, la plupart des athlètes se concentrent sur des objectifs physiques et nutritionnels mais négligent souvent le développement de leur potentiel intérieur grâce à des pratiques comme la méditation et la visualisation. Il est commun de vouloir observer les résultats des exercices physiques, mais ce que de nombreux athlètes ne savent pas, c'est qu'il a été prouve que la méditation améliore aussi la santé physique et la performance.

Atteindre votre performance de pointe exige que vous vous entraîniez et stimuliez le corps et l'esprit. Ne pas en tenir compte peut être une raison principale pour laquelle certains athlètes ont du mal à passer au niveau suivant. Afin de faire de votre mieux, vous devez accepter que le corps et l'esprit soient ce qui va vous rendre entier, ce qui va vous compléter.

La méditation en tant qu'exercice pour l'esprit vous aide à renforcer votre esprit, tout comme vous souhaitez renforcer votre corps, à travers une évolution constante lorsque vous la pratiquez.

Le conditionnement physique, une bonne nutrition, et la méditation sont les trois clés pour parvenir à un état de fonctionnement optimal. La plupart du temps, de nombreux athlètes n'accordent pas autant d'attention qu'ils le devraient à la méditation, car ils sont principalement concernes par leur apparence et inquiets de la façon dont les autres les perçoivent.

Dans la méditation, les résultats ne sont pas quelque chose que vous verrez physiquement, mais plutôt dans la façon dont vous vous sentez et dans votre nouvelle capacité de contrôler vos pensées et émotions. En commençant vos séances de méditation et en étant discipliné et cohérent, vous remarquerez des améliorations significatives dans la façon dont vous répondez à l'anxiété, la pression et le stress qui sont trois des principaux problèmes la plupart des athlètes ont du mal à surmonter dans la vie, et en essayant d'atteindre votre véritable potentiel.

Changez votre vie et commencer à utiliser la méditation pour dépasser vos limites et pour vous libérer!

QU'EST-CE QUE LA MEDITATION?

La méditation est un état d'esprit où vous réfléchissez ou pensez à quelque chose avec un esprit calme. La méditation et la pensée normale sont deux choses différentes. En méditant vous atteignez un état beaucoup plus élevé de concentration où rien ne peut s'emparer de votre esprit et interagir avec vos pensées.

La médiation nécessite beaucoup plus de concentration et c'est pourquoi il est si important d'être dans un environnement exempt de distraction où les bruits extérieurs ne viendront pas interrompre votre attention.

Vos pensées habituelles peuvent durer pendant quelques secondes, mais dans la méditation ces pensées et le processus de relaxation sont faits pour durer de 5 minutes à aussi longtemps que vous le voulez.

Les pensées peuvent être nombreuses mais quand vous méditez, vous allez vous hyper-concentrer sur une pensée à la fois. Parfois, lors de la méditation, vous pourriez juste vous concentrer a vous éclaircir l'esprit.

La méditation peut être utilisée à des fins religieuses ou non religieuses, mais dans ce livre elle sera utilisée à des fins non-religieuses.

Vous pouvez utiliser la méditation à tout moment pendant la journée ou la nuit, lorsque vous sentez que vous avez besoin de vous calmer et de vous trouver dans état ou vous êtes plus équilibré mentalement.

Alors que vous devenez plus avancé en méditation, vous pourrez vous déplacer dans cet état d'esprit plus rapidement, car vous deviendrez meilleurs à bloquer les distractions, et cela vous permettra de concentrer votre esprit beaucoup plus tôt.

Dans la méditation, vous voulez bloquer les pensées négatives interférentes, les situations stressantes, ou les facteurs d'interruption, lorsque vous essayez d'atteindre un état de concentration beaucoup plus élevé et plus profond sur les idées sur lesquelles vous essayez de vous concentrer.

Pour maximiser votre potentiel, vous devez être en mesure de calmer votre esprit et de laisser toutes les distractions mentales derrière, et permettre à votre esprit de surpasser tous les obstacles sur le chemin.

Devenir Mentalement Plus Résistant en Bodybuilding en Utilisant la Méditation

CHAPITRE 1: QUE PEUT VOUS APPORTER LA MEDITATION?

Les bienfaits de la méditation peuvent être départagés en avantages physiques, avantages mentaux, et bienfaits spirituels comme vous le verrez.

Il n'est pas important que vous soyez grand, petit, intelligent, ou lent, la méditation est pour tout le monde et pour tous ceux qui veulent s'améliorer.

Je trouve que le sur plan émotionnel, la méditation est merveilleuse, mais chacun de nous est différent et vous trouverez peut-être qu'elle profite à un des aspects de votre vie plus qu'à d'autres.

Il a été prouvé que la méditation aide à la réduction de l'anxiété, et surtout que l'anxiété et le stress sont certains des problèmes mentaux les plus graves qui touchent les athlètes du monde entier. La méditation empêche le progrès global du stress et de l'anxiété, pour mieux les surmonter et les éliminer autant que possible de nos vies.

En fait, la méditation est le meilleur moyen pour contrôler le stress et réduire les problèmes de santé qui se posent à cause du stress. Le stress peut causer le manque de sommeil et une réduction des niveaux d'énergie qui affectera votre attitude, votre performance au travail, votre patience et votre tolérance.

La méditation est l'une des plus importantes techniques de contrôle du stress, en conséquence vous pouvez facilement commencer à l'ajouter à votre vie, et à vous sentir en meilleure santé et en meilleure forme jour après jour.

Avantages physiques

Quand la plupart des athlètes pensent à quelque chose pour leur donner plus d'avantages physiques, leurs pensées ont tendance à aller vers une certaine forme d'exercice physique. Cela pourrait inclure des exercices comme: course, vélo, natation, marche, formation de poids. Il est normal de penser à des exercices physiques comme solution pour améliorer notre santé physique, mais les bienfaits physiques peuvent aussi provenir de plusieurs autres moyens, et la méditation le prouve.

Certaines des améliorations physiques qui peuvent être perçues après avoir médité sont:

1. Votre capacité à réduire votre fréquence cardiaque pour vous aider à mieux contrôler vos émotions. Le stress et l'anxiété ont tendance à augmenter votre rythme cardiaque. Être capable de les contrôler sera très bénéfique, si vous êtes constamment sous pression.

2. Votre capacité à réduire votre pression artérielle. Outre abaisser votre rythme cardiaque, la méditation vous aidera également à abaisser votre tension artérielle. Les niveaux élevés de la pression sanguine mènent à un plus grand risque de maladie cardiaque et d'AVC. Trop de facteurs dans notre environnement, notamment alimentaires, augmentent facilement votre pression artérielle. Avoir un outil puissant comme la méditation de votre côté vous aidera à les surmonter.

3. Votre capacité à contrôler la tension musculaire. Les athlètes qui ont les muscles tendus sont généralement plus sujets à des déséquilibres musculaires et peuvent avoir une déchirure musculaire beaucoup plus souvent que les personnes qui ont appris à détendre leurs muscles. Les athlètes récupèrent beaucoup plus vite et se sentent moins fatigués après avoir médité. Lorsque vous pouvez réduire la tension musculaire, vos muscles récupèrent plus rapidement en raison de l'amélioration de la qualité de repos qui à son tour améliore les performances physiques. Pour les athlètes qui participent à des niveaux élevés, vous ne devriez pas négliger cet avantage.

4. Votre capacité à rester calme dans des situations stressantes. Être capable de mieux contrôler vos émotions vous aidera à rester calmes quand les choses ne vont pas comme vous le voulez ou quand les choses deviennent stressantes.

5. Votre approche améliorée vers l'anxiété et la peur. La plupart des athlètes se retrouvent moins inquiets et ont moins peur de faire des choses quand ils ont pu réfléchir d'abord mentalement à ces choses, afin que lorsque ces situations se produisent, ils ne soient pas très affectés.

6. Votre capacité à renforcer votre système immunitaire. Étant moins stressés, moins inquiets, fera baisser votre pression artérielle, et en vous reposant mieux, vous aurez une amélioration du système immunitaire qui aidera à vous sentir plus forts, plus sains et plus énergiques que jamais.

7. Capacité renforcée à récupérer après l'entraînement physique. La méditation peut aider à renforcer le temps de réponse du système immunitaire, ce qui à son tour peut vous aider à récupérer plus rapidement après vos séances d'entraînement. Si votre système immunitaire est faible, comme il le devient normalement pour ceux d'entre nous qui sont constamment sous pression, qui sont pressés, et sérieusement stressés, cela peut entrainer de la fatigue et rendre difficile de rebondir après la fin d'une séance d'entraînement. En pratiquant la méditation sur une base quotidienne, vous verrez une augmentation plus rapide de votre taux de récupération de sorte que vous pourrez récupérer plus tôt et revenir à la formation de nouveau avec plus d'énergie.

Ce sont certains des avantages physiques les plus courants que vous verrez et sentirez en pratiquant la méditation. Vous remarquerez que la méditation ne nécessite que peu ou pas de mouvement du tout, mais ne pensez pas qu'elle ne va pas vous influencer d'une manière physique.

Avantages mentaux

Comme vous pouvez l'imaginer, les avantages mentaux ou psychologiques de la méditation ont tendance à être encore plus puissants, car cette forme d'exercice mental est en grande partie axée sur la pratique.

Certains des avantages mentaux primaires de la méditation sont:

1. **Amélioration du déclenchement de la colère.** Certains athlètes ont tendance à se mettre en colère très facilement, parfois sans raison du tout. Le premier avantage mental que vous verrez est un niveau réduit de la colère et de l'agression. Parce que vous vous sentirez

plus en contrôle de vos émotions, vous serez moins susceptible de laisser vos émotions prendre le meilleur de vous. Pour ceux qui ont tendance à être très agressifs sur une base quotidienne, la méditation pourra calmer ces sentiments et les radoucir lorsqu'ils commencent à être hors de contrôle.

2. Amélioration de la capacité à se concentrer. La méditation peut vous aider à vous concentrer pendant des périodes beaucoup plus longues et vous permettra d'avoir une concentration qualitative. Ceci est l'un des plus grands avantages que vous pouvez obtenir de la méditation et qui ne devrait pas être négligé. Être capable de bloquer les distractions et de rester concentré sur la tâche à accomplir peut être un obstacle majeur que la méditation vous aidera à surmonter.

3. Une plus grande confiance en vous-même. La plupart des athlètes qui pratiquent régulièrement la méditation disent souvent qu'ils se sentent plus confiants. La confiance en soi vient du sentiment que vous avez plus de contrôle sur les événements spécifiques dans votre vie. Lorsque vous perdez l'estime de soi, vous le ressentirez dans tout ce que vous faites, qu'il s'agisse de l'interaction avec d'autres ou lorsque vous essayez d'atteindre vos objectifs. La méditation peut vous faire sentir autonomes et forts. Pour la plupart des athlètes, la réduction du stress seule est une assez grande motivation pour continuer à pratiquer la méditation sur une base quotidienne.

4. Vous vous sentirez plus détendu. Le processus de la respiration et de fermer les yeux combiné avec la pensée ciblée aidera à vous sentir plus calmes et détendus.

Nous n'allons pas revenir sur les avantages spirituels de la méditation dans ce livre, mais vous pouvez faire votre propre recherche à ce sujet, si vous êtes intéressés à en apprendre encore plus.

CHAPITRE 2: COMMENT LES ATHLETES PEUVENT-ILS BENEFICIER DE LA MEDITATION?

La méditation peut être utilisée par les athlètes pour des raisons différentes: le stress, l'anxiété, la concentration, les nerfs. Les athlètes peuvent bénéficier de la méditation en voyant un rythme plus rapide de la reprise, qui est fondamental en essayant d'accéder au prochain niveau de performance. Les sessions de formation seront plus intenses et de meilleure qualité en raison de l'amélioration du niveau de concentration et en raison de la réduction de la fatigue des muscles. La plupart des athlètes verront une réduction de la nervosité avant et pendant la compétition, qui les aidera à mieux concurrencer et avec plus de confiance.

Une fois que vous commencez à pratiquer sur une base régulière, vous trouverez que vous avez une meilleure capacité pour vous concentrer lorsqu'il sera temps de travailler sous pression et sous des conditions inattendues, et ceci vous emmènera à un niveau encore plus élevé.

Les athlètes présentant un risque de maladie cardiaque peuvent bénéficier grandement de la méditation. Les médecins prescrivent désormais plus de méditation et moins de médicaments ce qui est de bon sens pour les uns, et un bon changement de vie pour les autres. En réduisant simplement la quantité de stress à laquelle sont exposés les athlètes quotidiennement, cela permet de réduire les niveaux de pression artérielle et d'améliorer leur compétitivité tout en leur permettant d'avoir plus de formation. Certains athlètes ont découvert que la méditation peut aider à contrôler le stress qu'ils n'évoquent pas fréquemment, mais qui est un facteur important qui les empêche d'atteindre leur rendement maximal. Les athlètes trouvent souvent qu'ils sont plus en contrôle de leur vie après avoir fait des séances de méditations répétitives, ce qui réduit le stress et comme résultat direct, réduit le risque de maladie cardiaque.

La perte de poids est un problème commun en raison d'une mauvaise planification et de ne pas être en mesure de suivre un bon regime alimentaire, du à un manque de discipline ou à de mauvaises habitudes. La méditation PEUT REELLEMENT AIDER A PERDRE DU POIDS lorsque la suralimentation est due au stress.

Les athlètes qui tentent de briser les mauvaises habitudes auront du mal à changer leurs vieilles habitudes et à commencer sur une nouvelle voie. Fumer, boire de l'alcool, la nervosité, se mettre en colère, et d'autres habitudes négatives peuvent être contrôlées par la méditation, car elle peut réduire les fringales. Ralentir les choses en utilisant des techniques de respiration pour se concentrer à surmonter les mauvaises habitudes lors de la méditation peut être une technique puissante qui semble moins évidente, mais plus pertinente lorsque de mauvaises habitudes ont été développées à cause du stress et de la colère.

Les athlètes qui souffrent de dépression ou d'anxiété souffrent aussi de stress car c'est un contributeur majeur des deux premiers. Les états de santé négatifs peuvent être considérablement améliorés grâce à la pratique de la méditation sur une base régulière. Lorsque vous pratiquez la méditation, vous remarquerez qu'il vous est plus facile d'avoir plus de contrôle sur votre humeur et vous aurez une vision plus positive de l'avenir en général. De nombreux athlètes se soucient trop des résultats à venir, ou des défaites du passé, qui sont sans rapport avec le moment présent, s'ils prenaient le temps de maximiser leur potentiel actuel à travers l'amélioration de la nutrition et de la méditation. Si votre objectif est de mieux contrôler vos pensées et émotions, vous verrez que la méditation va vous calmer et vous permettre de ne pas vous sentir dépassés dans des moments pénibles.

CHAPITRE 3: LES MEILLEURS TYPES DE MEDITATION POUR LE BODYBUILDING

La Pleine Conscience

Au cours du moment de pleine conscience, les athlètes devraient essayer de rester dans le présent dans chacune des pensées qui entrent actuellement dans leur esprit.

Ce type de méditation vous apprend à prendre conscience de vos habitudes de respiration, mais ne cherche pas à les changer en aucune façon par des pratiques de respiration. C'est une forme plus passive de la méditation par rapport à d'autres formes plus actives qui vous obligent à modifier vos habitudes de respiration. La pleine conscience est l'un des types les plus communs de méditation dans le monde et dont tous les athlètes peuvent bénéficier.

La méditation ciblée

Les athlètes utilisent la méditation ciblée pour diriger leurs pensées à un problème spécifique, une émotion, ou un objet sur lequel ils veulent se concentrer et trouver une solution.

Commencez par vider votre esprit de toutes les distractions et ensuite prenez un certain temps pour vous concentrer sur un seul son, objet, ou pensée. Essayez de vous concentrer aussi longtemps que possible dans cet état d'esprit, et vous pourrez ensuite rediriger votre concentration vers un objectif que vous voulez atteindre.

Cela reste votre choix si vous voulez passer sur toute autre pensée objective ou si vous préférez simplement maintenir cette orientation initiale sur ce son, cet objet ou cette pensée que vous aviez au départ.

Le Mouvement de méditation

Le mouvement de méditation est une autre forme de méditation, que vous devriez également essayer. C'est un type de méditation où vous vous concentrez sur vos habitudes de respiration, le déplacement de l'air dans et hors de vos poumons, tout en faisant des modèles de mouvements fluides que vous répétez. Vous pourriez vous sentir mal à l'aise au début en bougeant avec vos yeux fermés mais avec le temps, vous remarquerez que c'est en fait très relaxant et cela va vous aider à améliorer votre santé globale.

Une connexion de l'esprit au corps sera optimisée dans ce type de méditation, surtout pour les personnes qui ont du mal à rester immobiles et préfèrent se déplacer dans un mouvement fluide naturel. Ces mouvements doivent être lents et répétitifs. Le plus ils sont contrôlés, le mieux c'est.

Faire des mouvements rapides, ou violents, annulera le bénéfice de la méditation.

Les gens qui font le yoga trouvent souvent cette forme de méditation excellente car c'est un bon complément à des exercices de yoga similaires pour la respiration et le mouvement. Ils vont à la fois améliorer le contrôle sur vous-même et sur vos pensées. Pour les personnes qui n'ont jamais fait de yoga et ont déjà fait des mouvements de méditation, elles trouveront que l'échauffement avec quelques exercices de yoga de base peut souvent aider à être à l'aise dans le mouvement juste après la méditation. L'objectif est d'entrer dans un état méditatif plus rapidement et le yoga va certainement vous permettre de faire cela d'une manière naturelle. Alors que le yoga se concentre davantage sur l'amélioration de la flexibilité et le développement de la force musculaire, le mouvement de méditation est plutôt dirigé vers un état mental et des modes de respiration lente.

La méditation Mantra

La méditation Mantra va vous aider à mieux vous concentrer sur vos pensées et à garder votre esprit clair pour maximiser l'effet de méditer.

Pendant la méditation mantra vous allez répéter des mantras encore et encore, pendant que vous suivez votre processus méditatif.

Un mantra pourrait être un son, une phrase, ou une prière chantée à plusieurs reprises.

Nous n'allons pas nous concentrer sur la méditation spirituelle, mais c'est un autre type de méditation en plus de la méditation concentrée, l'attention, la méditation mantra, et le mouvement de la méditation.

Chacun est différent ce qui signifie que vous n'avez pas à utiliser un seul type de méditation pour atteindre vos objectifs. Vous pouvez utiliser une ou plusieurs formes de méditation et dans un ordre différent.

CHAPITRE 4: COMMENT SE PREPARER POUR LA MEDITATION

Une fois que vous savez quel type de méditation vous allez faire, vous avez besoin de savoir comment vous préparer à méditer. Veillez à ne pas vous précipiter à travers votre processus de méditation car ceci va certainement réduire les effets globaux et diminuer les résultats possibles.

ÉQUIPEMENT: Placez un tapis, une couverture, une serviette, ou une chaise selon où vous prévoyez de méditer.

Certaines personnes préfèrent utiliser une serviette (qui est super quand vous êtes en déplacement ou hors de la ville), ou une natte pour s'asseoir ou s'allonger à plat sur le dos. D'autres préfèrent s'asseoir sur une chaise pour avoir une position stable qui vous aidera à ne pas vous endormir si vous vous sentez trop détendu.

Je préfère m'asseoir sur un tapis de yoga qui est une position qui m'aide à me concentrer et me détendre. Parfois, je m'échauffe avec le yoga ou un étirement statique, et dans ce cas j'ai déjà ma natte prête, mais quand je voyage, il me suffit d'utiliser une serviette épaisse.

Être à l'aise est très important pour arriver au bon état d'esprit, alors assurez-vous d'utiliser le bon équipement pour commencer.

HEURE: Décidez combien de temps vous allez méditer à l'avance

Assurez-vous de déterminer à l'avance pour combien de temps vous prévoyez de méditer et dans quel but. Pour quelque chose de simple comme se concentrer à être positif et sur la respiration, vous pouvez avoir l'intention de faire une courte séance d'environ 5 à 15 minutes de long. Alors que si vous prévoyez de vous concentrer sur un problème que vous avez et auquel vous voulez essayer de trouver une solution, vous pouvez planifier vous-même en donnant suffisamment de temps pour la première détente à travers les modes de respiration, puis pour commencer à se concentrer sur des solutions alternatives au problème, à portée de main. Cela peut durer de 10 minutes à une heure ou plus, en fonction de votre niveau d'expérience de méditation, ou cela peut aussi dépendre de combien de temps il vous faut pour arriver à un état d'esprit détendu qui vous permettra de vous concentrer suffisamment pour affronter le problème.

Planifie de combien de temps il vous faudra, de sorte à vous préparer à l'avance pour rester au même endroit jusqu'à ce que vous ayez terminé sans interruption telles que: la faim, les enfants entrant dans la pièce, des pauses-toilettes. Prenez soin de ces distractions possibles à l'avance.

ENDROIT: Trouver un espace propre, calme et confortable pour méditer

Trouver un endroit où vous pouvez vous détendre totalement et vider votre esprit sans interruption. Cela peut être n'importe où que vous vous sentez confortable et où vous pouvez atteindre cet état détendu. Cela pourrait être sur l'herbe dans un parc, à la maison dans votre chambre, dans votre salle de bain, dans une chambre vide d'un quartier calme, seul dans votre voiture. C'est entièrement votre choix. Assurez-vous que vous ne choisissez pas un endroit où vous pouvez avoir un travail proche de vous ou un téléphone cellulaire qui continue à sonner ou vibrer. Eteignez complètement votre téléphone mobile! Il est impossible d'obtenir les résultats que vous voulez obtenir par la méditation en ayant des distractions constantes et de nos jours les téléphones cellulaires sont la principale source de distraction et d'interruptions.

L'emplacement que vous choisissez doit avoir ces choses en commun: il doit être calme, propre, et doit être à une température ambiante fraiche (trop chaud va vous endormir et trop froid vous donnera envie de vous lever et de vous déplacer), il devrait être sans distractions aucunes.

PRÉPARATION: Préparez votre corps à méditer

Avant de méditer assurez-vous que vous faites tout ce que vous devez faire pour que votre corps soit détendu et prêt. Cela pourrait être en prenant une douche, en faisant des étirements, en mettant des vêtements confortables, etc.

Assurez-vous que vous prenez votre repas au moins 30 minutes avant de commencer afin que vous n'ayez pas faim ou que vous vous sentiez trop plein. Un repas maigre serait idéal pour vous aider à bien vous préparer à l'avance. Nous irons plus en profondeur sur l'importance de la nutrition dans un des chapitres suivants.

LE RECHAUFFEMENT: faire du yoga ou vous étirer à l'avance pour commencer à vous détendre

Pour ceux d'entre vous qui ont déjà fait du yoga dans le passé, vous savez combien cela peut être relaxant. Pour ceux d'entre vous qui n'ont pas commencé à faire du yoga, ce serait un bon moment pour commencer car il vous aidera à mieux vous détendre et à vous calmer. Il n'est pas nécessaire de faire du yoga avant de méditer, mais il contribue à maximiser les effets et accélère le processus de détente pour vous mettre dans le bon état d'esprit. Le stretching est une autre bonne alternative car l'étirement combiné avec quelques exercices de respiration vous aidera à vous calmer et vous sentir plus à l'aise.

MENTALEMENT: Faites un peu de respiration profonde pour commencer à vous calmer

La respiration est facile, mais la pratique de la respiration prend plus de temps. Les avantages de la pratique des techniques de respiration sont nombreux.

La plupart des athlètes trouveront une récupération plus rapide après des moments intenses. Ils pourront également remarquer qu'ils sont capables de rester concentrés même quand ils sont à bout de souffle. LES ATHLETES ONT BESOIN D'APPRENDRE A RESPIRER! Les athlètes ont besoin de se concentrer sur l'air se déplaçant dans et hors de leurs poumons, de garder à l'esprit la façon dont le corps est en pleine expansion et se contracte. Entendre et sentir le mouvement de l'air dans et hors de votre nez et de votre bouche vous aidera à vous sentir plus détendu et à bien vous concentrer sur votre respiration. Chaque fois que vous inspirez et ensuite vous expirez, essayez de vous concentrer et d'entrer dans un état de plus en plus profond de relaxation. Chaque fois que l'oxygène remplit vos poumons, votre corps va se sentir plus énergique et plein d'émotions positives.

ENVIRONNEMENT: Ajoutez un peu de musique méditative relaxante dans le fond seulement si cela ne devient pas une distraction

Si la musique de méditation vous aide à entrer dans un état de relaxation, par tous les moyens l'inclure dans votre séance de méditation. Tout ce qui vous aide à arriver a un plus grand état de concentration et de détente devrait être utilisé, y compris la musique.

Si vous sentez que vous êtes en mesure de vider votre esprit mieux sans des sons ou de la musique, alors n'ajoutez pas de musique à votre environnement.

Normalement je n'ajoute pas de la musique tout simplement parce que je trouve que la musique m'emmène dans d'autres directions vers lesquelles je n'ai pas toujours envie d'aller, puisque certaines musiques me rappellent d'autres pensées et des idées mais peut-être que la musique est meilleure pour vous. Essayez les deux situations pour voir ce qui est mieux pour vous. Certains athlètes aiment écouter de la musique avant la compétition car ils estiment qu'elle les relaxe et les met de bonne humeur. Trouvez ce qui fonctionne pour vous et respectez-le.

POSITIONS POUR MÉDITER

En ce qui concerne les positions pour méditer, cela vous revient entièrement. Il n'y a pas de bonne ou mauvaise position, Il n'y a que celle qui vous convient le mieux pour le meilleur état de concentration. Pour certaines personnes, assis sur une chaise est la meilleure à cause de l'appui dorsal, tandis que d'autres préfèrent être plus près du sol et décideront de s'asseoir sur une serviette.

Pour les personnes qui sont moins souples, la position du lotus pourrait être quelque chose que vous pouvez éviter, ou du moins attendre pour l'essayer, car elle pourrait s'avérer être trop inconfortable à tenir pendant une longue période de temps. Encore une fois, assurez-vous que vous pouvez rester dans la même position pendant la période de temps où vous prévoyez de méditer, ou alors il vous faudra choisir une autre position.

Position assise

Pour la position assise, il vous faudra simplement trouver une chaise où vous pourrez vous concentrer, sans vous sentir trop à l'aise ou qui vous détend trop, sinon vous allez vous endormir. Assurez-vous que votre dos est droit lorsque vous êtes assis et que vos pieds peuvent toucher le sol car vous ne voulez pas finir votre session de méditation avec des maux de dos. Certaines personnes ajoutent un oreiller mou à la chaise pour se sentir plus à l'aise.

A genoux sur le plancher

Enlevez vos chaussures et vos chaussettes si vous voulez et agenouillez-vous sur le dessus d'un tapis doux ou une serviette pliée de sorte à avoir vos orteils pointant derrière vous et vos hanches directement au-dessus de vos talons. Votre dos doit rester bien droit et détendu pour permettre à vos poumons de se dilater et se contracter autant de fois que nécessaire. Vous souhaitez créer un lien très fort grâce à votre respiration et pour cela l'air doit passer au-dedans et en-dehors de vos poumons dans un mouvement fluide.

La position Birmane

La position de Birmanie est semblable à une position d'étirement de papillon mais avec une modification de la position des pieds. Asseyez-vous sur le sol et ouvrez vos jambes, puis pliez vos genoux tout en apportant vos pieds vers la partie intérieure de vos jambes. Un pied doit être en face de l'autre. Dans cette position essayez de garder vos genoux aussi bas que possible. Si vous vous sentez mal à l'aise, choisissez une autre position car il y a beaucoup d'options. Vos mains doivent être à vos côtés ou ensemble dans une position de doigts entrecroisés. Votre dos doit être droit et votre front s'inclinant légèrement vers le haut et a l'avant pour vous permettre de prendre l'air et le relâcher de façon pleine et entière. C'est une position de méditation avancée de sorte qu'il n'est pas nécessaire de commencer par cette position, sauf si vous vous sentez complètement détendu.

Position du Lotus

La position du Lotus est très similaire à la position birmane mais avec une petite modification. Vous devez apporter vos pieds sur le dessus de vos cuisses lorsque vous êtes dans une position birmane. Vos mains doivent être à vos côtés ou ensemble dans une position de doigts entrecroisés.

Mes genoux se sentent mal à l'aise dans cette position, donc je ne l'utilise pas pour ma méditation, mais vous êtes libres de l'essayer aussi longtemps que cela ne vous cause pas de douleur. Pour moi, la douleur que je ressens prend toute mon attention de mon objectif de me concentrer sur ma respiration, je préfère donc d'autres positions.

La position couchée

Allongez-vous sur le tapis, la serviette, ou une couverture et détendez vos pieds et vos mains. Vos mains doivent rester à vos côtés et vos pieds pointés vers le haut ou vers l'extérieur. Vos mains peuvent également être placées sur le ventre dans une position douce mais immobile. Votre tête doit rester face au plafond ou au ciel. Si vous vous inclinez à un côté ou de l'autre, cela ne vous permettra pas de rester concentré pendant de longues périodes de temps et vous pourriez même vous retrouver avec une certaine tension du cou. C'est une excellente position pour méditer aussi tant que vous ne vous endormez pas. Si c'est votre problème, il vous suffit de choisir une autre position.

Position de papillon

Dans cette position, vous aurez besoin de vous asseoir sur le tapis ou une serviette, ouvrez vos jambes, puis apportez vos pieds ensemble afin que le fond de chaque pied est en face de l'autre. Vos genoux pourraient s'évaser vers le haut ou ils pourraient aller vers le sol, mais cela n'a pas d'importance tant que vous vous sentez à l'aise et pourrez vous détendre dans cette position. Assurez-vous que votre colonne vertébrale est droite et équilibrée.

CHAPITRE 5: DES MODES D'AMELIORATION DE LA PERFORMANCE RESPIRATOIRE QUE TOUS LES ATHLETES DEVRAIENT APPRENDRE POUR LA MEDITATION

Ces modèles de respiration seront la clé pour régler le rythme de votre séance de méditation et aussi pour arriver à un état de concentration hyper concentré.

Pour la forme de l'attention de la médiation que vous continuerez à rester concentré, mais vous voulez être plus conscient de vos habitudes de respiration. Votre but ne devrait pas être de contrôler votre respiration mais tout simplement de sentir l'air entrer dans vos poumons et ensuite ressortir dans votre environnement. Le processus d'inspiration et d'expiration ne devrait se faire que par le nez pour ce type spécifique de méditation, mais ne devrait pas être utilisé pour toutes les autres formes de méditation.

Pour le reste des autres types de méditation, vous devez faire attention aux modes de respiration et la contrôler tout le long de votre session. Tous les modèles de respiration doivent être effectués par l'inspiration par le nez et l'expiration par la bouche.

Afin d'entrer dans un meilleur état méditatif, votre fréquence cardiaque doit déposer et pour ce faire, la respiration sera essentielle. Les modèles que vous utilisez faciliteront ce processus pour vous aider à atteindre des niveaux plus élevés de concentration. Avec la pratique, ces modèles de respiration deviendront naturels pour vous. Décidez à l'avance si les modes de respiration lente sont mieux pour vous ou si les modèles de respiration rapide seront ce dont vous avez besoin. Le mode de respiration lente vous détendra et le mode de respiration rapide vous dynamisera.

MODELES DE RESPIRATION LENTE

Afin de ralentir votre respiration vous devez inspirer lentement et pour une période de temps plus longue, puis expirez lentement aussi. Pour les bodybuilders, ce type de respiration est bon pour vous détendre après une formation ou une heure environ avant la compétition. Différents rapports de l'air qui rentre et l'air qui ressort vont affecter votre niveau de relaxation, et alternativement votre capacité à atteindre un niveau optimal de méditation.

Le modèle normal de respiration lente: Commencez par inspirer par le nez lentement et en comptant jusqu'à 5. Puis expirez lentement en comptant en sens inverse de 5 à 1. Vous devez répéter ce processus 4-10 fois jusqu'à ce que vous vous sentiez complètement détendu et prêt à vous concentrer. Les bodybuilders devraient se concentrer sur la respiration par le nez et par la bouche pour ce type de modèle de respiration.

Modèle de respiration lente prolongée: Commencez par inspirer par le nez lentement et comptez jusqu'à 7. Ensuite, expirez lentement par la bouche en comptant en sens inverse de 7 à 1. Vous devez répéter ce processus 4 à 6 fois jusqu'à ce que vous vous sentiez complètement détendu et prêt à vous concentrer.

Modèle de respiration lente pour les bodybuilders hyperactifs: Commencez par inspirer par le nez lentement et comptez jusqu'à 3. Ensuite, expirez lentement par la bouche en comptant en sens inverse de 6 à 1. Vous devez répéter ce processus de 4 à 6 fois jusqu'à ce que vous vous sentiez complètement détendu et prêt à vous concentrer. Ce modèle va vous forcer à ralentir complètement. La dernière répétition de cette séquence devrait se terminer par 4 secondes d'inspiration et 4 secondes d'expiration pour stabiliser votre respiration.

Mode de respiration ultra lente: Commencez par inspirer par le nez lentement et comptez à 4. Ensuite, expirez lentement par la bouche en comptant en sens inverse 10 à 1. Vous devez répéter ce processus 4 à 6 fois jusqu'à ce que vous vous sentiez complètement détendu et prêt à vous concentrer. Ce modèle va vous forcer à ralentir complètement. Les deux dernières répétitions de cette séquence doivent se terminer par 4 secondes d'inspiration et 4 secondes d'expiration pour stabiliser votre respiration et équilibrer le ratio d'air qui rentre et qui sort.

Stabiliser les modes de respiration avant de méditer: C'est un bon type de modèle de respiration qui doit être utilisé si vous sentez que vous êtes déjà calme et souhaitez commencer immédiatement votre méditation. Commencez par inspirer par le nez lentement et comptez jusqu'à 3. Ensuite, expirez lentement en comptant en sens inverse de 3 à 1. Vous devez répéter ce processus 7 à 10 fois jusqu'à ce que vous vous sentiez complètement détendu et prêt à vous concentrer. Les bodybuilders devraient se concentrer sur la respiration par le nez et par la bouche pour ce type de modèle de respiration.

MODELES DE RESPIRATION RAPIDE

Les modèles de respiration rapide sont très importants pour les bodybuilders dans le but de les remplir d'énergie et les rendre prêts à rivaliser. Même si ce type de modèles de respiration est plus efficace pour la visualisation, il sera tout aussi utile pour méditer. Les bodybuilders qui sont très calmes et ont besoin de se sentir plus en contrôle de leur esprit pourraient vouloir utiliser ces modèles pour se préparer à méditer.

Modèle de respiration normal rapide: Commencez par inspirer l'air par le nez lentement et en comptant jusqu'à 5. Puis, expirez lentement en comptant en sens inverse de 3 à 1. Vous devez répéter ce processus 6 à 10 fois jusqu'à ce que vous vous sentiez complètement détendu et prêt à vous concentrer. Les bodybuilders devraient se concentrer sur la respiration par le nez et par la bouche pour ce type de modèle de respiration.

Modèle de respiration rapide prolongée: Commencez par inspirer l'air par le nez lentement et en comptant jusqu'à 10. Ensuite, expirez lentement par la bouche en comptant en sens inverse de 5 à 1. Vous devez répéter ce processus 5 à 6 fois jusqu'à ce que vous vous sentiez complètement détendu et prêt à vous concentrer. Si vous avez de la difficulté à 10 au premier abord, réduisez tout simplement le nombre à 7 ou 8. Mettre l'accent sur la respiration par le nez et par la bouche pour ce type de modèle de respiration.

Motif de respiration rapide Pré-compétition: Commencez par inspirer l'air par le nez lentement et en comptant jusqu'à 6. Ensuite, expirez rapidement par la bouche dans un souffle. Vous devez répéter ce processus 5 à 6 fois jusqu'à ce que vous vous sentiez complètement détendu et prêt à vous concentrer. Vous pouvez ajouter deux répétitions pour cette séquence avec quatre secondes d'inspiration et 4 secondes d'expiration pour stabiliser votre respiration et équilibrer le ratio d'air qui rentre et qui ressort.

Tous ces types de modes de respiration améliorent la performance et peuvent être utilisés pendant la compétition selon votre niveau d'énergie ou votre nervosité.

Pour les bodybuilders qui deviennent nerveux avant la compétition, il faudrait utiliser les modèles de respiration lente.

Pour les bodybuilders qui ont besoin de se remplir d'énergie avant la compétition, il faudrait utiliser les modèles de respiration rapide.

En cas d'anxiété, une combinaison de modèles de respiration lente suivis par des modèles de respiration rapide vous donnera des résultats optimaux.

Pendant les sessions de formation ou pendant la compétition, si vous vous sentez épuisés ou hors d'haleine, utilisez le mode de respiration normale rapide pour vous aider à récupérer plus vite.

Les modèles de respiration sont une excellente façon de contrôler vos niveaux d'intensité qui à leur tour vous permettront d'économiser votre énergie et vous permettront de récupérer plus rapidement.

CHAPITRE 6: ALIMENTATION ET MEDITATION POUR LE BODYBUILDER

Afin d'obtenir les meilleurs résultats de la méditation, une bonne alimentation équilibrée sera nécessaire. La méditation est une partie d'un objectif collectif pour vous améliorer, et une bonne nutrition vous aidera à atteindre cet objectif. Se nourrir correctement équivaut à avoir plus d'énergie et pour des périodes de temps prolongées. Cela affecte votre capacité à rester concentré pendant de longues périodes de temps prolongées. Des protéines maigres, des acides gras oméga, des légumes et des légumineuses, et de l'eau sont les meilleurs aliments de préméditation et doivent être consommés en quantités appropriées selon vos besoins caloriques.

Avoir trop de sucre dans votre circulation sanguine va vous forcer à vous effondrer avant, pendant ou après la méditation et la même chose se produira durant la compétition, donc les sucres raffinés ne sont pas le chemin à suivre. Évitez les gros repas qui pourraient vous faire sentir trop plein et vous donneront envie d'arrêter de méditer ou de vous endormir. Les repas qui sont trop petits vous donneront faim trop tôt, ce qui réduira vos séances de méditation et ne vous permettra pas de maximiser les résultats.

Manger 60 a 75 minutes avant de méditer, cela vous donnera plus que suffisamment de temps pour digérer et être prêt à méditer correctement.

Protéines maigres

Les protéines maigres sont très importantes pour développer et réparer les tissus musculaires. Les protéines maigres aident également à normaliser les concentrations d'hormones dans le corps qui vous permettra de contrôler votre humeur ainsi que votre tempérament. Certaines des meilleures protéines maigres que vous pouvez consommer sont:

- La poitrine de dinde (toute naturelle si possible).

- La viande rouge maigre (toute naturelle aussi).

- Les blancs d'œufs

- La plupart des produits laitiers.

- La poitrine de poulet (Toute naturelle).

- Le Quinoa

Les acides gras omégas

Les acides gras omégas sont faciles à obtenir et très importants pour les fonctions de votre corps, en particulier pour le cerveau. Les acides gras omégas sont généralement trouvés dans:

- Le saumon (de préférence sauvage, non-élevage)

- Les noix (une collation facile à transporter)

- Les graines de lin (les mélanger avec n'importe quel shake)

- Les sardines

Vous remarquerez que vos fonctions cérébrales et l'augmentation de santé globale de vos cerveaux s'améliorent. Votre système immunitaire devrait aussi devenir plus fort ce qui réduira vos chances d'avoir le cancer, le diabète et d'autre problèmes sérieux liés a la santé.

Les légumes et les légumineuses

On n'accorde pas assez d'importance aux légumes et légumineuses. Trouvez un légume que vous aimez manger et incorporez-le dans votre alimentation. Cela sera très gratifiant au fur et à mesure que les années passent.

Lorsque vous entendez les gens parler de combien il est important d'avoir une alimentation équilibrée, ils font également référence aux légumes. Certains des meilleurs légumes et légumineuses à inclure dans vos repas quotidiens sont:

- Les tomates

- Les carottes

- Les betteraves

- Le chou frisé

- Les épinards

- Le chou

- Le persil

- Le brocoli

- Le chou de Bruxelles

- La laitue

- Le radis

- Les poivrons verts, rouges et jaunes

- Le basilic (techniquement une «herbe», mais nous allons l'inclure de toutes façons).

- Le concombre

- Les aubergines

Vous voulez vous assurer d'obtenir une grande variété de couleurs pour vous assurer d'obtenir différentes vitamines et minéraux.

Les Fruits

Les fruits contiennent aussi une grande quantité de vitamines nécessaires pour que votre corps fonctionne au maximum. Les antioxydants aident votre corps à récupérer plus rapidement ce qui est extrêmement important pour les bodybuilders. Assurez-vous de consommer beaucoup de fruits qui sont riches en antioxydants après l'entraînement ou durant une compétition. Les fruits constituent une source importante de fibres alimentaires qui vous permet de traiter la nourriture facilement. Certains des meilleurs fruits à inclure dans votre alimentation pré-méditation sont:

- Les pommes (vertes et rouges)

- Les oranges

- Les raisins (rouge et vert)

- Les bananes

- La pamplemousse (Un peu aigre, mais pleine d'antioxydants)

- Les citrons jaunes et verts (sous la forme de jus mélangé avec de l'eau). Je demande souvent de l'eau et quelques tranches de citron quand je sors manger car ce sont aussi des antioxydants merveilleux).

- Les cerises (naturelles, et non enrobées de sucre).

- Les mandarines

- La pastèque

- La cantaloupe

L'eau

L'eau est souvent négligée et la plupart des gens n'en boivent pas assez. Les jus de fruits et le lait ne devraient pas être comptés en considérant combien de verres d'eau par jour vous buvez. Selon la quantité d'entraînement cardio-vasculaire que vous faites, cela pourrait être plus que l'habituel suggéré. La plupart des gens devraient boire au moins 8 verres d'eau par jour, mais la plupart des athlètes devraient boire 10 à 14 verres d'eau.

Depuis que j'ai commencé à emmener mon gallon d'eau, je suis capable d'atteindre mon objectif de "1 gallon par jour" d'eau, ce qui a amélioré ma santé de manière significative.

Certains des avantages que j'ai remarqué et que la plupart des gens remarqueront sont:

- Moins ou pas de maux de tête (le cerveau est plus souvent hydraté)

- Amélioration de la digestion.

- Moins de fatigue durant la journée.

- Plus d'énergie dans la matinée.

- Réduction de la quantité de rides visibles.

- Aucun des crampes ou des signes de raideur musculaire. (Ceci me causait un véritable problème, mais ca ne l'est plus)

- Meilleure concentration (vous en bénéficierez beaucoup lors de la méditation).

- Diminution du désir de sucreries et des collations entre les repas.

EXEMPLES DE RECETTES DE REPAS DES SESSIONS DE PRE-MEDITATION

Voici quelques exemples de recettes de repas maigres pour le bodybuilding, que vous pouvez ajouter à votre alimentation pré-méditative. Vous pouvez les adapter comme bon vous semble dans la taille des portions et les ingrédients utilisés.

SI VOUS MEDITEZ APRES LE PETIT DEJEUNER

1. Petit Déjeuner Démarrage rapide

Sortez votre corps hors d'un état catabolique et mettez-le dans un état de renforcement musculaire avec ce petit-déjeuner riche en glucides, cuit au four, et avec une haute teneur en protéines. Le pamplemousse et les asperges vous assurent d'obtenir plus que la valeur d'une demi-journée de vitamine C.

Ingrédients (1 portion):

6 blancs d'œufs

½ tasse de quinoa cuit et mélange de riz brun

3 asperges, tranchées

½ pamplemousse rose

1 petit poivron rouge, tranché

1 cuillère lactosérum poudre de protéine sans saveur

1 gousse d'ail écrasée

Un spray d'huile d'olive

Poivre, sel

Temps de préparation: 10 min

Temps de cuisson: 15-20 min

Préparation:

Préchauffer le four à 200C ventilateur/gaz 6. Vaporiser légèrement une poêle en fonte avec de l'huile d'olive.

Dans un bol moyen, battre les blancs d'œufs avec une pincée de sel et le poivre jusqu'à consistance mousseuse.

Ajouter le riz brun cuit et le quinoa dans la poêle; versez les blancs d'œufs puis les morceaux d'asperges et les tranches de poivron.

Cuire au four pendant 15 à 20 min ou jusqu'à ce que les œufs soient cuits.

Valeur nutritive par portion: 407kcal, protéine 52g, glucides 40g (fibre 5g, sucre 8g), graisse 2g, 15% de calcium, 12% de fer, 19% de magnésium, 26% de vitamine A, 63% de vitamine C, 48% de vitamine K, 12% de vitamine B1, 69% de vitamine B2, 26% de vitamine B9.

2. Le Bol Complet

Un petit-déjeuner avec un nom approprié, le bol de puissance combine les blancs d'œufs riches en protéines avec le ravitaillement énergétique de la farine d'avoine. Les noix ajoutent des lipides sains et le miel recouvre le tout avec un peu de douceur.

Ingrédients (1 portion):

6 blancs d'œufs

½ tasse de gruau instantané, cuit

1/8 tasse de noix

¼ tasse de baies

1 cuillère à café de miel brut

Cannelle

Temps de préparation: 10 min

Temps de cuisson: 5 min

Préparation:

Battre les blancs d'œufs jusqu'à consistance mousseuse, puis faites-les cuire dans une poêle à feu doux.

Mélanger la farine d'avoine et les blancs d'œufs dans un bol; Ajouter la cannelle et le miel brut et mélanger.

Ajouter par-dessus les baies, les bananes et les noix.

Valeur nutritive par portion: 344kcal, protéine 30g, glucides 33g (fibre 3g, sucre 23g), graisse 11g (2 saturé), 10% de fer, 15% de magnésium, 10% de vitamine B1, 11% de vitamine B2, 15% de vitamine B5.

3. Poivrons farcis de thon

C'est une recette rapide et nutritive qui fournit une quantité massive de vitamine B12. Riche en protéines, le thon est une option de petit déjeuner excellente pour le renforcement musculaire et si vous souhaitez ajouter des glucides à votre repas, un morceau de pain de blé entier est un excellent choix.

Ingrédients (2 portions):

2 boîtes de thon dans l'eau (185 g), la moitié drainée

3 œufs durs

1 oignon, haché finement

Cinq petits cornichons, en dés

Sel, poivre

4 poivrons, coupés en deux, épépinés

Temps de préparation: 5 min

Temps de cuisson: 10 min

Préparation:

Mélanger les œufs, le thon, les oignons, les cornichons et l'assaisonnement dans un robot culinaire jusqu'à consistance lisse.

Remplissez les moitiés des poivrons avec la composition et servir.

Valeur nutritive par portion: 480kcal, protéine 46g, graisse 16g (4g saturé), glucides 8g (fibre 2g, sucre 4g), 28% de magnésium, 94% de vitamine A, 400% de vitamine C, 12% de vitamine E, 67% de vitamine K , 18% de vitamine B1, 32%vitamine B2, 90% de vitamine B3, 20% de vitamine B5, 56% de vitamine B6, 18% de vitamine B9, 284% de vitamine B12.

4. Yaourt grec avec graines de lin et pomme

Changez du traditionnel petit déjeuner aux blancs d'œufs de renforcement musculaire et essayez le yaourt grec à la saveur de pomme et haut en protéines. Utilisez des graines de lin entières afin de maximiser votre apport en fibres et gardez-les dans de l'eau la nuit pour les rendre tendres et faciles à digérer.

Ingrédients (1 portion):

1 tasse de yaourt grec

1 pomme, émincée

2 cuillères à soupe de graines de lin

¼ de cuillère à café de cannelle

1 cuillère à café de Stévia

Une pincée de sel

Temps de préparation: 5 min

Temps de cuisson: 45 min

Préparation:

Préchauffer le four à ventilateur 190C/gaz 5. Placez les tranches de pommes dans une poêle antiadhésive, les saupoudrer de cannelle, Stévia et une pincée de sel, les couvrir et cuire pendant 45 min/ jusqu'à tendreté. Retirez-les du four et les laisser refroidir pendant 30 min.

Placez le yaourt grec dans un bol, puis recouvrir avec des pommes et les graines de lin et servir.

Valeur nutritive par portion: 422kcal, protéine 22g, glucides 39g (fibre 7g, sucre 22 g), graisse 21g (8 g saturé), 14% de calcium, 22% de magnésium, 14% de vitamine C, 24% de vitamine B1, 13% de vitamine B12.

5. Anneaux de poivrons avec «Fit Grits»

Un repas savoureux et de look particulier, les anneaux de poivron avec les «Fit Grits» va carburer vos muscles et vous donner assez d'énergie pour toute la journée. Plein de couleurs et de nutriments, ce petit-déjeuner est riche en vitamine B1.

Ingrédients (1 portion):

6 blancs d'œufs

2 œufs entiers

¼ tasse de farine de riz brun

1 tasse épinards crus

½ poivron vert

1 tasse de tomates cerise

Un spray d'huile d'olive

Sel, poivre

Temps de préparation: 10 min

Temps de cuisson: 15 min

Préparation:

Battre les blancs d'œufs avec une pincée de sel et le poivre jusqu'à consistance mousseuse. Chauffer l'huile dans une poêle antiadhésive et faire cuire les blancs d'œufs et la farine. Ajouter les épinards, mélangez et laissez cuire jusqu'à ce que les épinards soient fanés.

Vaporiser légèrement une poêle avec de l'huile d'olive et à feu moyen. Couper les poivrons horizontalement pour créer deux anneaux, placez-les dans la poêle et casser les œufs à l'intérieur des poivrons. Laissez-les cuire jusqu'à ce que les œufs deviennent blancs.

Placer le mélange d'œuf-farine et rondelles de poivrons cuits sur une assiette et servir avec des tomates cerises.

Valeur nutritive par portion: 495kcal, protéine 45g, glucides 45g (fibre 3g, sucre 7g), graisse 11g (3g saturé), 9% de calcium, 14% de fer, 20% de magnésium, 35% de vitamine A, 32% de vitamine C, 91 % de vitamine B2, 22% de vitamine B5, 12% de vitamine B6, 15% de vitamine B12

6. Smoothie au Lait d'Amande

Il vous faut juste 10 minutes pour faire ce smoothie au lait d'amandes plein de vitamines D et B1corriger cette haute en vitamine D et B1. Vous pouvez en faire une grande quantité et la conserver au congélateur. Ce smoothie est une option parfaite pour un petit déjeuner rapide sur le champ.

Ingrédients (2 portions):

1 tasse de lait d'amande

1 tasse de petits fruits surgelés mixtes

1 tasse d'épinards

1 cuillère poudre de protéine aromatisée à la banane

1 cuillère à soupe de graines de chia

Temps de préparation: 10 min

Pas de cuisson

Préparation:

Mélanger tous les ingrédients dans un mélangeur jusqu'à consistance lisse, versez dans deux verres et servir.

Valeur nutritive par portion: 295kcal, protéine 26g, glucides 32g (fibre 4g, sucre 13g), lipides 9g, 40% de calcium, 20% de fer, 12% de magnésium, 50% de vitamine

A, 40% de vitamine C, 25% de vitamine D, 57% de vitamine E, 213% de vitamine B1, 18% de vitamine B9.

7. Crêpes de protéines tarte au potiron

Oubliez la farine et essayer les crêpes d'avoine avec un plus délicieux de citrouille fraîche. Versez dessus un peu de sirop sans calorie et profitez d'un petit-déjeuner riche en protéines avec un très bon gout, aussi succulent qu'un repas de triche.

Ingrédients (1 portion):

1/3 tasse d'avoine à l'ancienne

¼ tasse de citrouille

½ tasse de blancs d'œufs

1 cuillère de poudre de protéines à la cannelle

½ cuillère à café de cannelle

Un spray d'huile d'olive

Temps de préparation: 5 min

Temps de cuisson: 5 min

Préparation:

Mélanger tous les ingrédients dans un bol. Vaporiser une poêle de taille moyenne avec de l'huile d'olive puis placez sur feu moyen.

Verser la pâte dedans, et une fois que vous voyez des bulles minuscules apparaissent en haut de la crêpe, retournez. Lorsque chaque côté est doré, retirez la crêpe et servir.

Valeur nutritive par portion: 335kcal, protéine 39g, glucides 37g (fibre 6g, sucre1 g), lipides 6g, 14% de calcium, 15% de fer, 26% de magnésium, 60% de vitamine A, 26% de vitamine B1, 37% de vitamine B2 , 10% de vitamine B5, 31% de vitamine B6.

8. Gruau riche en protéines

Une portion copieuse de glucides qui vous tiendra rassasié pendant des heures, tandis que la poudre d'amandes et de protéines vont donner un départ riche en protéines à votre journée. Si vous préférez vos flocons d'avoine avec un goût fruité, utilisez la poudre de protéine aromatisée à la banane.

Ingrédients (1 portion):

2 sachets de gruau instantané (paquet de 28g)

¼ tasse d'amandes en poudre

Une grande cuillère de protéines de lactosérum en poudre

1 cuillère à soupe de cannelle

Temps de préparation: 5 min

Temps de cuisson: 5 min

Préparation:

Verser le gruau instantané dans un bol, mélanger avec la poudre de protéine et la cannelle. Ajouter de l'eau chaude et mélanger. Garnir avec les amandes concassées et servir.

Valeur nutritive par portion: 436kcal, protéine 33g, glucides 45g (fibre 10g, sucre 4g), graisse 15g (1g saturé), 17% de calcium, 19% de fer, 37% de magnésium, 44% de vitamine E, 21% de vitamine B1, 21 % de vitamine B2.

9. Scramble emballé de protéines

Nourrissez vos muscles et poussez à travers une séance d'entraînement intense avec ce repas de 51g de protéines. Ces blancs d'œufs brouillés avec des légumes et saucisses de dinde ont la valeur ajoutée d'être emballés avec des glucides et des montants globaux élevés de vitamines.

Ingrédients (1 portion):

8 blancs d'œufs

2 saucisses de dinde, hachées

1 gros oignon, coupé en dés

1 tasse de poivrons rouges, en dés

2 tomates, coupées en dés

2 tasses épinards crus, hachés

1 cuillère à café d'huile d'olive

Sel et poivre

Temps de préparation: 10 min

Temps de cuisson: 10-15 min

Préparation:

Battre les blancs d'œufs avec une pincée de sel et de poivre jusqu'à consistance mousseuse, puis mettre de côté.

Chauffer l'huile dans une grande poêle antiadhésive, arroser les oignons et les poivrons et faire sauter jusqu'à ce qu'ils soient tendres. Assaisonner avec le sel et le poivre. Ajouter la saucisse de dinde et cuire jusqu'à ce que le tout soit doré, puis baisser le feu et ajoutez les blancs d'œufs et bien mélanger.

Quand les œufs sont presque cuits, ajouter la tomate et les épinards, faites cuire pendant 2 min et servir.

Valeur nutritive par portion: 475kcal, protéine 51g, glucides 37g (fibre 10g, sucre 18g), lipides 10g (2g saturé), 14% de calcium, 23% de fer, 37% de magnésium, 255% de vitamine A, 516% de vitamine C, 25 % de vitamine E, 397% de vitamine K, 22% de vitamine B1, 112% de vitamine B2, 29% de vitamine B3, 19% de vitamine B5, 51% de vitamine B6, 65% de vitamine B9.

10. Smoothie fruits et beurre d'arachide

Quelle meilleure façon d'obtenir la valeur de votre jour de calcium que cette saveur de fraise Smoothie? Riche en minéraux, vitamines, protéines et glucides énergétiques alimentent, ce smoothie est un moyen idéal pour démarrer votre journée.

Ingrédients (1 portion):

15 fraises moyennes

1 1/3 cuillère à soupe de beurre d'arachide

85g tofu

½ tasse de yaourt sans matières grasses

¾ tasse de lait écrémé

1 cuillère poudre de protéine

8 glaçons

Temps de préparation: 5 min

Pas de cuisson

Préparation:

Verser le lait dans le mélangeur puis le yaourt et le reste des ingrédients. Mélanger jusqu'à ce que le mélange soit complètement mélangé et mousseux. Verser dans un verre et servir.

Valeur nutritive par portion: 472kcal, protéine 45g, glucides 40g (fibre 6g, sucre 31g), lipides 13g (4g saturé), 110% de calcium, 35% de fer, 27% de magnésium, 30% de vitamine A, 190% de vitamine C, 11 % de vitamine E, 13% de vitamine B1, 24% de vitamine B2, 10% de vitamine B5, 18% de vitamine B6, 17% de vitamine B9, 12% de vitamine B12.

11. Muffins à la protéine d'avoine

Avec une bonne dose d'avoine et une portion de poudre de protéine lactosérum au chocolat, ces muffins sont un excellent petit déjeuner et une bonne alternative à l'avoine ordinaire. Jumelé avec un verre de lait, ce repas permet de s'assurer que vous obtenez une bonne quantité de calcium et de vitamine D pour aller avec le bon repas de protéines et de glucides.

Ingrédients (4 muffins-deux portions):

1 tasse de flocons d'avoine

1 grand œuf entier

5 grands blancs d'œufs

½ cuillère protéines de lactosérum en poudre au chocolat

Un spray d'huile d'olive

2 tasses de lait faible en gras, pour servir

Préparation: 2 min

Temps de cuisson: 15 min

Préparation:

Préchauffer le four à ventilateur 190C / gaz 5.

Mélanger tous les ingrédients ensemble pendant 30s. Vaporiser le moule à muffins avec de l'huile d'olive, puis plier la pâte a muffins en quatre. Mettre au four pendant 15 min.

Retirer du four, laisser refroidir et servir avec le verre de lait.

Valeur nutritive par portion (comprend le lait): 330kcal, protéine 28g, glucides 37g (fibre 9g, sucre 13g), lipides 6g (5g saturé), 37% de calcium, 22% de fer, 19% de magnésium, 12% de vitamine A, 34% de vitamine D, 44% de vitamine B1, 66% de vitamine B2, 25% de vitamine B5, 11% de vitamine B6, 24% de vitamine B12.

12. Saumon fumé à l'avocat avec Toast

Avez-vous un entraînement difficile mais vous n'avez vraiment pas beaucoup de temps ? Cela ne prend que 5 minutes pour reconstituer ce petit-déjeuner savoureux. Le saumon et l'avocat sont très riches en acides sains et ce repas a suffisamment de protéines et de glucides pour vous garder motivé.

Ingrédients (2 portions):

300g de saumon fumé

2 avocats taille moyenne mûrs, épluchés et décortiqués

Jus de ½ citron

1 Poignée de feuilles d'estragon hachées

2 tranches de pain de blé entier, grillées

Temps de préparation: 5 min

Pas de cuisson

Préparation:

Couper les avocats en morceaux et mélanger avec le jus de citron. Tordre et plier les morceaux de saumon fumé, placez-les sur les assiettes de service, puis recouvrir d'avocat et d'estragon. Servir avec du pain de blé entier.

Valeur nutritive par portion: 550kcal, protéine 34g, glucides 37g (fibre 12g, sucre 4g), lipides 30g (5g saturé), 17% de fer, 24% de magnésium, 25% de vitamine C, 27% de vitamine E, 42% de vitamine K, 16% de vitamine B1, 24% de vitamine B2, 55% de vitamine B3, 35% de vitamine B5, 40% de vitamine B6, 35% de vitamine B9, 81% de vitamine B12.

DEJEUNER PRE-MEDITATION

1. Riz méditerranéen

Tournez la boîte de thon ennuyeuse en un plat délicieux qui est un démarreur parfait pour un après-midi d'exercice. Le montant élevé de glucides va alimenter une séance d'entraînement complète et la protéine fera en sorte que vos muscles vont récupérer de l'effort.

Ingrédients (1 portion):

1 boîte de thon à l'huile, égouttée

100g de riz brun

¼ avocat, haché

¼ oignon rouge, tranché

Jus de ½ citron

Sel et poivre

Temps de préparation: 5 min

Temps de cuisson: 20 min

Préparation:

Faire bouillir le riz brun pour environ 20 minutes, puis placer dans un bol avec l'oignon, le thon et l'avocat.

Ajouter le jus de citron et mélanger tous les ingrédients. Assaisonner avec le sel et le poivre au goût et servir.

Valeur nutritive par portion: 590kcal, protéine 32g, glucides 80g (fibre 7g, sucre 1g), lipides 14g (5g saturé), 22% de fer, 52% de magnésium, 101% de vitamine D, 18% de vitamine E, 107% de vitamine K, 32% de vitamine B1, 134% de vitamine B3, 26% de vitamine B5, 39% de vitamine B6, 15% de vitamine B9, 63% de vitamine B12.

2. Poulet Epicé

Le poulet est parfait pour une haute teneur en protéines et un repas de renforcement musculaire. Riche en nutriments, ce savoureux repas simple peut être couplé avec une portion de votre choix de glucides.

Ingrédients (2 portions):

3 poitrines de poulet désossées coupées en deux

175g yaourt faible en gras

5cm morceau de concombre, haché finement

2 cuillères à soupe de pâte de curry thaï rouge

2 cuillères à soupe de coriandre, haché

2 tasses d'épinards crus, pour servir.

Temps de préparation: 5 min

Temps de cuisson: 35-40 min

Préparation:

Préchauffer le four à ventilateur 190C / gaz 5. Mettre le poulet dans un plat en une seule couche. Mélanger le tiers du yaourt, la pâte de curry et les deux tiers de la coriandre, saler et verser sur le poulet, s'assurer que la viande est bien enrobée. Laissez pendant 30 min (ou dans le réfrigérateur pendant la nuit).

Soulevez le poulet sur une grille dans un plat à rôtir pour 35-40 min, jusqu'à ce qu'il soit bien doré.

Chauffer l'eau dans une casserole et flétrir les épinards.

Mélanger le reste du yaourt et de la coriandre, ajoutez le concombre et remuer. Verser le mélange sur le poulet et servir avec les épinards cuits.

Valeur nutritive par portion: 275kcal, protéine 43g, glucides 8g (fibre 1g, sucre 8g), lipides 3g (1g saturé), 20% de calcium, 15% de fer, 25% de magnésium, 56% de vitamine A, 18% de vitamine C, 181 % de vitamine K, 16% de vitamine B1, 26% de vitamine B2, 133% de vitamine B3, 25% de vitamine B5, 67% de vitamine B6, de vitamine B9 19%, 22% de vitamine B12.

3. Œufs farcis avec du pain pita

Faites le plein d'acides gras oméga-3 avec ce riche plat de saumon. Riche en vitamines et minéraux, ce repas de remplissage est un excellent moyen de vous stimuler d'énergie et de puissance pour toute la journée.

Ingrédients (2 portions):

1 saumon en conserve dans l'eau (450g)

2 œufs

1 gros oignon, haché finement

2 grandes feuilles de laitue

10 tomates cerise

1 cuillère à soupe de yaourt grec

Un grand pain pita de blé entier, coupé en deux

Sel de mer et poivre

Temps de préparation: 10 min

Temps de cuisson: 10 min

Préparation:

Faire bouillir les œufs, les peler et les couper en deux puis retirez les jaunes et les placer dans un bol.

Ajouter le saumon en conserve, 1 cuillère à soupe de yaourt, l'oignon de printemps et les assaisonnements à la cuvette. Mélanger tous les ingrédients ensemble et farcir les blancs d'œufs. Servir avec du pain pita farci avec de la laitue et les tomates.

Valeur nutritive par portion: 455kcal, protéine 45g, glucides 24g (fibre 3g, sucre 2g), lipides 36g (10g saturé), 59% de calcium, 22% de fer, 21% de magnésium, 30% de vitamine A, 24% de vitamine C, 43 % de vitamine K, 11% de vitamine B1, 36% de vitamine B2, 60% de vitamine B3, 20% de vitamine B5, 41% de vitamine B6, 20% de vitamine B9, 20% de vitamine B12.

4. Enveloppes César au poulet

Ces enveloppes de poulet font un excellent repas portable qui fera en sorte que vous gardez vos taux de protéines élevés tout au long de la journée. Ajoutez à cela quelques pousses d'épinards et faites un repas convivial plus vert.

Ingrédients (1 portion):

85g poitrine de poulet, cuit

2 tortillas de blé entier

1 tasse de laitue

50g yaourt non gras

1 cuillère à café de pâte d'anchois

1 cuillère à café de moutarde en poudre sèche

1 gousse d'ail, cuite

½ concombre moyen, haché

Temps de préparation: 5 min

Pas de cuisson

Préparation:

Mélanger la pâte d'anchois, l'ail et le yaourt puis mélanger et recouvrir la laitue et les concombres d'un peu de ce mélange. Divisez le reste du mélange en deux, ajouter les tortillas, puis placez la moitié du poulet dans chaque tortilla. Fermer en enveloppe et servir.

Valeur nutritive par portion (2 tortillas): 460kcal, protéine 41g, glucides 57 g (fibre 7g, sucre 9g), lipides 10g (2g saturé), 11% de calcium, 22% de vitamine K, 13% de vitamine B2, 59% de vitamine B3, 12% de vitamine B5, 29% de vitamine B6, 10% de vitamine B12.

DINER PRE-MEDITATION

5. Saumon au four avec asperges grillées

Un plat classique, rendu plus intéressant par une marinade de jus de citron et la moutarde, ce saumon grillé va bien avec les asperges à l'ail. Offrez-vous une grande combinaison de protéines et de vitamines.

Ingrédients (1 portion):

140g saumon sauvage

1 ½ tasse d'asperges

Marinade:

1 cuillère à soupe d'ail, hachées

1 cuillère à soupe de moutarde de Dijon

Le jus de citron de ½ citron

1 cuillère à café d'huile d'olive

Temps de préparation: 5 min

Temps de cuisson: 15 min

Préparation:

Préchauffer le four à ventilateur 200C / gaz 6.

Dans un bol, mélanger le jus de citron, la moitié de l'ail, l'huile d'olive et la moutarde, verser la marinade sur le saumon et assurez-vous qu'il soit complètement recouvert. Déposer le saumon mariné au réfrigérateur pendant au moins une heure.

Coupez le bas des tiges des pointes d'asperges. Mettez une poêle antiadhésive à feu moyen / élevé, mélanger les asperges avec le reste de l'ail et faire saisir pendant environ 5 min, en roulant les asperges sur tous les côtés.

Déposer le saumon sur une plaque à pâtisserie et cuire au four pendant 10 min, puis servir alors avec les asperges grillées.

Valeur nutritive: 350kcal, protéine 43g, glucides 7g (fibre 5g, 1 g sucre), lipides 16g (1 saturé), 17% de fer, 20% de magnésium, 48% de vitamine A, 119% de vitamine C, 17% de vitamine E, 288 % de vitamine K, 39% de vitamine B1, 60% de vitamine B2, 90% de vitamine B3, 33% de vitamine B5, 74% de vitamine B6, 109% de vitamine B9, 75% de vitamine B12.

6. Bœuf en boules avec pâtes aux épinards

Un repas de pâtes haut en protéines qui tire avantage du mélange pates et épinards. Non seulement ce repas est emballe de vitamines tous azimuts, mais il contient également une quantité copieuse de magnésium qui aide à réguler la contraction musculaire.

Ingrédients (2 portions):

Pour les boulettes:

170g de bœuf haché maigre

½ tasse épinards crus, râpés

1 cuillère à soupe d'ail haché

¼ tasse oignon rouge, coupé en dés

1 cuillère à café de cumin

Sel de mer et poivre

Pour les Pates:

100g pâtes de blé aux épinards

10 tomates cerise

2 tasses d'épinards crus

¼ tasse marinara

2 cuillères à soupe fromage parmesan faible en gras

Temps de préparation: 15 min

Temps de cuisson: 30 min

Préparation:

Préchauffer le four à 200C / gaz 6.

Mélanger ensemble le bœuf haché, les épinards crus, l'ail, l'oignon rouge, salez et poivrez au goût. Mélanger soigneusement avec vos mains jusqu'à ce que les épinards soient complètement mélangés à la viande.

Formez deux ou trois boulettes de viande, à peu près la même taille, puis placez-les sur une plaque de cuisson dans le four pendant 10 à 12 minutes.

Faire cuire les pâtes selon les instructions sur l'emballage. Égoutter les pâtes et mélanger les tomates, épinards et fromage. Ajouter les boulettes de viande et servir.

Valeur nutritive par portion: 470kcal, protéine 33g, glucides 50g (fibre 6g, sucre 5g), lipides 12g (5g saturé), 17% de calcium, 28% de fer, 74% de magnésium, 104% de vitamine A, 38% de vitamine C, 11 % de vitamine E, 361% de vitamine K, 16% de vitamine B1, 20% de vitamine B2, 45% de vitamine B3, 11% de vitamine B5, 45% de vitamine B6, 35% de vitamine B9, 37% de vitamine B12.

7. Blanc de Poulet farci avec du riz brun

Le riz brun est un excellent moyen d'introduire des glucides de qualité à votre régime alimentaire. Accompagnez-le avec du blanc de poulet de haute teneur en protéines et des légumes et vous avez un délicieux déjeuner rempli de puissance.

Ingrédients (1 portion):

170g de poitrine de poulet

½ tasse épinards crus

50g de riz brun

1 oignon, coupé en dés

1 tomate, en tranches

1 cuillère à soupe de fromage feta

Temps de préparation: 10 min

Temps de cuisson: 30 min

Préparation:

Préchauffer le four à ventilateur 190C / gaz 5.

Trancher la poitrine de poulet sur le milieu pour la faire ressembler à un papillon. Assaisonner le poulet de sel et de poivre, puis ouvrez-le et mettre la couche d'épinards, le fromage feta et les tranches de tomate sur un côté. Pliez la poitrine de poulet et utiliser un cure-dent pour le maintenir fermé puis cuire au four pendant 20 min.

Faire bouillir le riz brun puis ajouter l'ail et l'oignon haché. Remplissez une assiette avec du riz brun, placer le poulet sur le dessus et servir.

Valeur nutritive par portion: 469kcal, protéine 48g, glucides 46g (fibre 5g, sucre 6g), lipides 8g (5g saturé), 22% de calcium, 18% de fer, 38% de magnésium, 55% de vitamine A, 43% de vitamine C, 169 % de vitamine K, 28% de vitamine B1, 28% de vitamine B2, 103% de vitamine B3, 28% de vitamine B5, 70% de vitamine B6, 23%de vitamine B9, 17% de vitamine B12.

8. Salade de pâtes linguine avec crevettes et courgette

Un repas triche de pâtes avec une portion de courgettes râpées et des crevettes à la vapeur parfumées à toutes sortes de sésame. Cette combinaison d'ingrédients vous offre un déjeuner léger avec un contenu riche en protéines.

Ingrédients (1 portion):

170g de crevettes à la vapeur

1 grosse courgette, hachée

¼ tasse d'oignon rouge, tranché

1 tasse de poivrons, tranchés

1 cuillère à soupe de beurre tahini rôti

1 cuillère à café d'huile de sésame

1 cuillère à café de graines de sésame

Temps de préparation: 10 min

Pas de cuisson

Préparation:

Couper les courgettes en utilisant un broyeur afin de faire de la linguine crue.

Dans un bol, mélanger le tahini et l'huile de sésame.

Placez tous les ingrédients dans un grand bol, verser la sauce tahini et mélanger pour s'assurer que tous les côtés sont recouverts de sauce. Parsemer de graines de sésame et servir.

Valeur nutritive par portion: 420kcal, protéine 45g, glucides 26g (fibre 10g, sucre 12g), lipides 18g (2g saturé), 19% de calcium, 47% de fer, 48% de magnésium, 33% de vitamine A, 303% de vitamine C, 17 % de vitamine E, 31% de vitamine K, 38% de vitamine B1, 36% de vitamine B2, 38% de vitamine B3, 13% de vitamine B5, 66% de vitamine B6, 35% de vitamine B9, 42% de vitamine B12.

9. Pain de viande de Turquie avec Couscous de blé entier

Cuit dans un moule à muffins, ce pain de viande de dinde permet de s'assurer que vous réduisez la consommation de lipides saturés. Mélangez un peu en ajoutant du poivre ou des champignons cloches au lieu de l'oignon dans les boulettes de viande et assaisonner avec une pincée d'ail.

Ingrédients (1 portion):

140g dinde hachée maigre

¾ tasse oignons rouges, en dés

1 tasse épinards crus

1/3 tasse de sauce marinara faible en sodium

½ tasse de couscous de blé entier, bouilli

Choix de l'assaisonnement: persil, basilic, coriandre

Poivre, sel

Un spray d'huile d'olive

Temps de préparation: 5 min

Temps de cuisson: 20 min

Préparation:

Préchauffer le four ventilateur à 200C/gaz 6.

Assaisonnez la dinde avec votre choix d'assaisonnement et ajouter les oignons en dés.

Pulvérisez légèrement votre moule à muffins avec de l'huile d'olive, placer la dinde hachée à l'intérieur des tasses de muffins. Mettre au-dessus de chaque boulette de dinde 1 cuillère à soupe de sauce marinara, puis placer dans le four et cuire pendant 8-10 min.

Servir avec du couscous.

Valeur nutritive par portion: 460kcal, protéine 34g, glucides 53g (fibre 4g, sucre 7g), lipides 12g (4g saturé), 12% de calcium, 15% de fer, 10% de magnésium, 16% de vitamine A, 15% de vitamine C, 11 % de vitamine E, 16% de vitamine K, 11% de vitamine B1, 25% de vitamine B3, 16% de vitamine B6, 11% de vitamine B9.

CHAPITRE 7: LE POUVOIR D'UTILISER LA VISUALISATION EN BODYBUILDING

Que signifie visualiser?

La Visualisation est essentiellement de conceptualiser une image de quelque chose dans votre esprit que vous voulez atteindre et vous voulez trouver un chemin vers cet objectif. Vous êtes fondamentalement en train de faire tout ce que vous voulez faire lorsque vous performez mais cela se fait grâce à votre imagination et à votre esprit. Comme vous l'avez souvent entendu: «Si vous pouvez le voir, vous pouvez le faire".

Il n'y a pas de mauvaise ou de bonne façon de visualisation. Vous allez trouver un endroit confortable et vous asseoir ou vous reposer sur une chaise confortable, un tapis, ou une serviette un peu comme vous le faites quand vous méditez.

Lorsque vous visualisez, vous prenez la méditation au prochain niveau et vous allez utiliser en grande partie le même processus que vous faites pour la méditation.

Il existe de nombreux types de visualisations qui peuvent être faits. Trois des plus courants sont les visualisations de motivation, des visualisations de résolution de problèmes, et des visualisations finalisées.

Les athlètes dans tous les domaines utilisent couramment des visualisations sous une forme ou une autre parfois sans même savoir qu'ils le font. Pour certains, cela se fait en état d'éveil et c'est ce qu'on appelle des visualisations et pour d'autres cela pourrait se produire dans leurs rêves, mais sans contrôle sur le résultat.

Lorsque vous visualisez, vous envisagez des images ou des vidéos mentales de ce que vous aimeriez voir, ce qui pourrait inclure:

- De quoi vous avez l'air.

- Comment vous êtes habillé.

- Comment vous vous déplacez.

- Quelles sont vos performances.

- Dans quel état émotionnel vous êtes.

- Dans quel état mental vous êtes.

- Quels sont les résultats de vos concurrents.

Vous êtes en contrôle de tout ce que vous voyez avec votre esprit et vous pouvez concevoir le début et la fin comme vous le souhaitez. Être créatif est utile puisque les choses ne viennent pas toujours de la façon dont nous les envisageons dans la vie réelle, mais en se préparant mentalement et émotionnellement pour des situations et des résultats possibles, les choses deviennent plus faciles quand vient le temps des performances. Peak Performance est un terme utilisé pour quand vous êtes "dans la zone" et à votre meilleur. Il est plus facile de performer à votre pic lorsque vous avez préparé votre esprit à travers des visualisations.

Pourquoi visualiser pour vous motiver?

Lorsqu'elles sont sous pression, certaines personnes ont du mal à trouver la bonne motivation pour faire ce qu'elles sont censées faire, au lieu de se laisser intimider par leur entourage et les gens qui les surveillent. En vous motivant grâce à des visualisations, en vous disant de faire mieux et de pousser plus fort lorsque vous voyez les pensées que vous voulez réaliser dans votre esprit, vous débloquerez les possibilités du cerveau pour passer à travers la peur, l'anxiété, la nervosité et la pression impliquée dans la concurrence.

Quelles sont les visualisations finalisées

Les visualisations finalisées sont des images et vidéos mentales que vous voulez créer dans votre cerveau lors de la visualisation qui se concentrent sur la réalisation d'un objectif spécifique. Cela peut être: gagner une compétition, améliorer vos temps, plus d'heures d'entraînement par jour, en ajoutant plus de protéines à votre alimentation, en ne se fatigant pas autant. Certaines de ces visualisations finalisées peuvent être des objectifs fondés sur les résultats et certaines peuvent être des objectifs basés sur la performance. Les deux sont importants lors de la planification de votre session de visualisation.

C'est pour cela que vous vous entrainez physiquement. Pour voir les résultats à la fin de tout le dur travail. L'utilisation de visualisations complète la formation en faisant la dernière et la plus importante partie de la préparation pour la compétition. Vous devez préparer votre esprit et votre corps à performer de leur mieux. Nutrition et entraînement physique prépareront votre corps. Méditation, modes de respiration et visualisations formeront votre cerveau. La combinaison des deux donnera le plus grand avantage concurrentiel et c'est que vous voulez, c'est là votre but ultime.

CHAPITRE 8: MEDITER POUR LE MAXIMUM DE RESULTATS EN BODYBUILDING

Méditer au maximum dépendra de votre capacité à vous concentrer sur une pensée ou un problème et rester concentré aussi longtemps que nécessaire pour résoudre le problème ou pour réaliser votre objectif. Cela va créer la confiance et l'auto-culpabilisation pour les tâches futures que vous devez remplir.

Lorsque vous méditez pour atteindre un maximum de résultats, vous suivez ces mêmes étapes chaque fois. Si vous modifiez ou éliminez n'importe quelle étape, vous allez changer l'issue de la séance de méditation. Ces étapes sont:

1: Trouvez un endroit tranquille où vous ne serez pas dérangé.

2: Placez un tapis, une serviette, une couverture, ou une chaise la où vous envisagez de méditer.

3: Assurez-vous que vous avez eu un repas léger ou une collation environ une heure avant de méditer.

4: Choisissez une position dans laquelle vous allez rester durant toute la session. Cela pourrait être: assis sur la chaise, allongé sur le tapis, assis en position birmane, Lotus ou papillon, à genoux sur le tapis, ou dans toute autre position de méditation confortable mentionnée précédemment.

5: Commencez votre rythme respiratoire. Si vous voulez vous calmer et vous détendre, vous devez expirez plus d'air sur que vous n'en inspirez (sauf si vous faites de la méditation de pleine conscience alors vous n'avez pas a contrôler votre respiration mais tout simplement sentir l'air entrer dans vos poumons et ensuite dans votre environnement.). Par exemple, inspirez quatre secondes, puis expirez pendant 6 secondes. Lorsque vous essayez de vous energiser parce que vous vous sentez trop détendu ou que vous venez juste de vous réveiller, vous allez inspirer plus d'air que vous n'allez en expirer dans un ratio spécifique que vous pouvez décider à l'avance. Par exemple, inspirer 5 secondes et expirer 3 secondes. Rappelez-vous, chaque séquence de la respiration doit être répétée au moins 4 à 6 fois pour permettre à votre respiration de ralentir l'esprit et vous mettre dans un état de calme pour mieux méditer. Pour tous les modèles de respiration vous respirez par le nez et vous expirez par la bouche, à l'exception de la méditation de pleine conscience qui sera faite par le nez uniquement car le focus ici n'est pas sur la respiration.

6: Une fois que vous avez terminé de remplir vos habitudes de respiration de la manière expliquée dans le chapitre des modes de respiration, vous devriez commencer à vous concentrer sur quelque chose que vous souhaitez obtenir, réaliser, ou simplement un aperçu dans votre esprit. Concentrez-vous dessus aussi longtemps que possible. Une courte séance vous donnera des résultats durables alors que des sessions plus longues ont tendance à vous aider à maintenir ce niveau de concentration, même après que vous ayez fini de méditer. Tous les athlètes savent que lorsqu'il est temps de travailler sous pression ou à leur apogée, ils ont besoin de rester concentré, et le fait d'être capable de le faire le plus longtemps possible vous permettra de surpasser la concurrence. Voici la différence entre les champions et le reste!

7: Cette pensée devrait maintenant évoluer vers un clip mental de court ou long que vous créez dans votre esprit pour vous aider à réaliser ce que vous voulez, dans votre esprit d'abord avec l'objectif, à long terme, que cela se produise dans une situation de la vie réelle. Soyez aussi précis que possible et restez détendu dans le processus. Cette septième étape ajoute la visualisation dans le processus, mais il n'y a rien de mal à cela car ça ne peut que vous faire du bien, mais ce n'est pas nécessaire si vous voulez juste garder les choses simples.

8: les bodybuilders ont besoin d'utiliser la respiration pour terminer leurs séances de méditation comme ils les ont débutées. Si vous n'avez pas de compétition le même jour, vous pouvez faire les modèles de respiration lente comme l'exemple ci-dessous:

Modèle de respiration normale lente: Commencez par inspirer par le nez lentement et en comptant jusqu'à 5. Puis, expirez en comptant lentement en sens inverse de 5 à 1. Vous devez répéter ce processus 4-10 fois jusqu'à ce que vous vous sentiez complètement détendu et prêt à vous concentrer. Les bodybuilders devraient se concentrer sur la respiration par le nez et par la bouche pour ce type de modèle de respiration.

Si vous avez une compétition le même jour vous devriez dynamiser votre corps et votre esprit à la fin en utilisant les modèles de respiration rapide, comme celui décrit ci-dessous:

Modèle de respiration normale rapide: Commencez par inspirer par le nez lentement et en comptant jusqu'à 5. Puis, expirez en comptant lentement en sens inverse de 3 à 1. Vous devez répéter ce processus 6-10 fois jusqu'à ce que vous vous sentiez complètement détendu et prêt à vous concentrer. Les bodybuilders devraient se concentrer sur la respiration par le nez et par la bouche pour ce type de modèle de respiration.

Pour les bodybuilders qui font de la méditation de pleine conscience, leurs séances devraient se terminer une fois la méditation terminée, car le focus derrière cette forme de cette forme de méditation n'est pas la respiration, mais plutôt de calmer l'esprit et se concentrer sur une pensée spécifique.

TOUT CECI NE FONCTIONNE QUE SI VOUS ETES PERSUADES QUE CA VA MARCHER. DONC SOYEZ PATIENTS ET PERSISTANTS !

CHAPITRE 9: MEDITER POUR UNE PLUS GRANDE FORCE EMOTIONNELLE

Le stress émotionnel derrière chaque compétition est écrasant, fatigant, et épuisant. Vous préparer pour surmonter le stress émotionnel est très important et nécessaire pour faire face aux obstacles mentaux.

Certains bodybuilders sont en pleine forme lors de l'entrainement, mais s'effondrent sous le stress émotionnel durant la compétition, et c'est la que la méditation peut améliorer votre approche de ce genre de stress. Certains vont crier, hurler, se plaindre, baisser la tête, montrer une faible estime de soi, paraitre drainés de toute énergie, pleurer, ou être nerveux. C'est normal dans des situations de pression mais au cas où cela devient un problème, on peut facilement le régler par la méditation. Regardons quelques problèmes et les solutions sur lesquelles vous pouvez vous concentrer lors de la méditation.

Pourquoi ai-je un sentiment d'insécurité durant la compétition?

L'insécurité peut se produire pour un certain nombre de raisons. Pour certains, leur manque de préparation, où vous pourriez sentir que vous n'êtes pas prêts pour la compétition. Pour ce problème, il faut tout simplement vous entrainer autant que vous en aurez besoin, jusqu'à ce que vous vous sentiez prêts. Ne soyez pas poussés à la compétition si vous n'êtes pas prêt.

Pour d'autres, l'insécurité pourrait provenir de trop se comparer avec les autres au lieu de se concentrer sur l'amélioration des résultats et des résultats passés. Votre focus va s'améliorer grâce à la formation et une meilleure préparation quand vous méditez.

Pourquoi dois-je me mettre en colère avec moi-même et avec les autres quand je suis en compétition?

La colère est une réaction courante pour beaucoup de bodybuilders quand ils sont sous pression et ne savent pas quoi faire. D'autres fois, la colère peut être un résultat de la frustration. Certaines personnes se fâchent avec eux-mêmes, d'autres avec les concurrents, et même avec des gens qui leur sont proches, et finalement certains sont en colère à cause de conditions externes sur lesquelles ils n'ont aucun contrôle.

En méditant, vous pouvez surmonter ce problème en essayant de vous concentrer sur le fait d'accepter qu'il y a des choses sur lesquelles vous n'avez aucun contrôle, que vous ne pouvez anticiper, et il vous faut avoir un plan alternatif au cas ou cela se produit. Accepter les conditions météorologiques, le bruit, ou des retards qui sont des situations possibles qui pourraient se produire, mais qui peuvent avoir des conséquences différentes sur vous en fonction de votre niveau de préparation.

Il y aura aussi des circonstances dans lesquelles vous avez le contrôle sur les situations et vus pouvez vous empêcher d'être en colère.

S'il y a des personnes que vous préférez ne pas voir autour de vous durant la compétition, il vous suffit de leur demander poliment de vous attendre à la fin et puis ils pourront partager votre victoire avec vous plus tard. Ils doivent comprendre s'ils désirent vraiment le meilleur pour vous et c'est cela qui devrait être le plus important.

Lorsque vous vous sentez en colère parce que votre performance n'est pas comme vous voudriez qu'elle le soit, la méditation pourra certainement vous aider à planifier les choses en utilisant votre temps de méditation pour préparer un chemin ou un processus à suivre étape par étape qui vous donnera la meilleure chance possible de jouer à votre véritable potentiel.

Pourquoi ai-je si peur lors d'une compétition?

La peur est une des conditions les plus communes dont tous les bodybuilders souffrent. C'est une émotion humaine qui vient en réaction à une menace. La peur vient dans différentes formes et tailles. Certains types de peur n'existent pas vraiment, mais sont créés dans votre esprit par des choses qui pourraient se produire, mais pourraient aussi ne jamais se produire du tout. Permettez-moi de répéter la dernière partie " pourraient se produire, mais pourraient aussi ne jamais se produire du tout ".

La peur des résultats futurs est un gaspillage d'énergie et vous draine émotionnellement. Les résultats futurs sont le résultat de l'actuelle planification et d'une bonne préparation. Si vous vous concentrez sur des objectifs axés sur les résultats et que vous y arrivez pendant la compétition, la plupart du temps, vous obtiendrez vos objectifs axés sur les résultats.

Par exemple, en se concentrant a être positif et s'adapter, peu importe la situation, va vous aider à surmonter des conditions difficiles et a avoir souvent un résultat positif à la fin, surtout que vous n'avez pas arrêté de croire en vous-même et vous n'avez pas abandonné.

La peur peut aussi être due à une menace actuelle qui est petite en nature, mais parce que vous y pensez tellement, vous finissez par en faire un problème énorme et une peur immense. Ne jamais laisser cela se produire parce que vous allez rendre impossible pour votre esprit de surmonter une telle situation. Si vous monter une côte, ne la regardez pas comme si c'était le mont Everest parce que vous aurez envie d'arrêter avant même d'avoir commencé.

Donnez à chaque circonstance et a chaque problème l'attention qu'il faut donner et pas plus. Méditez en mettant l'accent sur une chose et une fois que vous en avez fini, vous pourrez alors vous concentrer sur autre chose. Vous n'avez pas besoin d'analyser des centaines de résultats quand il pourrait y avoir moins d'un 1% de chance qu'ils pourraient même se produire.

Lorsque vous méditez, vous essayez de vous voir dans une autre image. Utilisez votre esprit pour voir comme une personne confiante, intrépide et agressive. Ne pas donner aux autres plus de crédits qu'il ne leur est dû et ne pas vous mésestimer. Etre trop confiant est mieux que d'être craintif et être sûr de vous-même est mieux que d'être trop confiant. Trouvez le juste équilibre et construisez cette image dans votre esprit, puis essayez de vivre cette image sur une base quotidienne.

Je me sens tellement nerveux quand je suis sous pression, pourquoi ?

Être nerveux peut effectivement être une bonne chose car cela peut avoir un effet positif sur votre esprit et votre corps. Vous devez vous demander comment être sur ses nerfs peut être bon ? Pour certaines personnes, être nerveux peut faire ressortir le meilleur d'eux-mêmes et faire leur compétition mieux que ce qu'ils ne font habituellement. Dans d'autres circonstances, votre corps pourrait prendre un coup d'adrénaline pour améliorer naturellement vos sens et vos capacités physiques.

Être nerveux peut également provoquer l'effet inverse et vous geler lorsque vous devez réagir. C'est un problème énorme et très évident.

Lorsque vous méditez, vous améliorez souvent vos facultés de respiration et vous apprenez à contrôler le flux d'air dans votre corps. C'est une compétence très unique qui a un effet puissant sur la nervosité.

Trois choses que vous pouvez faire lorsque vous êtes sous pression sont:

1. Prenez de grandes respirations et ralentissez votre rythme cardiaque. (La méditation va grandement améliorer cette pratique et mieux vous y préparer pour quand vous êtes nerveux).

2. Restez actif (l'action contraire serait de rester immobile ou de «geler» ce qui est mauvais. Restez actif, faites ce que vous devez faire pour aider à garder votre sang-froid. Certaines personnes mâchent de la gomme ou plantent des tournesols, d'autres bougent leurs pieds, et certains écoutent de la musique, tandis que d'autres essaient de se distraire avant la compétition. Il y a de nombreuses

autres façons de rester actif, mais vous devez choisir celle qui est la bonne pour vous.)

3. Ayez des pensées positives (la méditation est souvent utilisée pour ralentir l'esprit et détendre le corps, ce qui permet alors à votre cerveau de se concentrer sur les pensées productives qui devraient être positives. Utilisez la méditation pour vous aider à devenir plus positifs en pratiquant la pensée positive dans vos séances.)

Devenir Mentalement Plus Résistant en Bodybuilding en Utilisant la Méditation

CHAPITRE 10: MEDITER POUR UNE PLUS GRANDE ENDURANCE MENTALE

Qu'est-ce que la force mentale?

Etre fort mentalement peut signifier beaucoup de choses, mais pour un bodybuilder cela signifie ne pas flancher sous la pression et répondre à tout défi avec la puissance de l'esprit.

La force mentale est-elle importante?

Oui, c'est très important. Comme vous devenez de plus en plus avancé, vous remarquerez que votre corps ne peut que vous emmener aussi loin, et l'esprit est celui qui doit prendre le contrôle sur l'avenir de vos résultats. Etre fort mentalement vous permettra de prendre le contrôle de ces résultats futurs et pousser vos limites grâce aux efforts déployés lors de la méditation pour la force mentale.

Comment puis-je utiliser la force mentale en bodybuilding ?

En bodybuilding, la force mentale est une compétence qui doit être développée au fil du temps mais sur laquelle vous pourrez compter lorsque viendra le temps de la compétition. La force mentale peut être utilisée de plusieurs façons. Elle peut être utilisée pour rester calme sous la pression. Elle peut également être utilisée pour améliorer vos performances. Enfin, elle peut être utilisée pour survivre à la concurrence quand vous sentez que votre corps est fait.

Trois exemples de compétences de la force mentale que vous pourriez développer pour le bodybuilding en méditant pour une plus grande force mentale seraient:

1. Utiliser un vocabulaire mental approprié. La plupart d'entre nous ont des conversations internes avec nous-mêmes et les mots que nous utilisons ont un impact énorme sur nos actions. Dire à votre corps de "ne pas abandonner" est un exemple d'un vocabulaire mental négatif. Si vous dites à votre corps de «continuer», vous seriez entrain d'utiliser un vocabulaire mental positif. Avec la première, votre cerveau recherche des mots clés et dans ce cas, il entend les mots «abandonner», même si vous essayez de le forcer à entendre "ne pas abandonner". C'est tout simplement la façon dont le cerveau fonctionne. Dans le deuxième exemple, le cerveau entend les mots clés «continuer» et continue d'aller. Plus court n'est pas la solution, simplement les mots clés que vous utilisez. Éloignez-vous de l'utilisation de tous les mots qui pourraient signifier a votre cerveau d'associer les actions que vous ne voulez pas qu'elles arrivent.

2. Projection d'une image confiante de vous-même. En forçant votre corps à se tenir correctement, vos mains à se détendre, à avoir un visage plus détendu et sûr de lui, et montrant à vos concurrents que vous êtes prêt pour tout ce qui va arriver, vous allez changer la façon dont votre esprit se rapproche de toute situation conflictuelle et de votre résultat potentiel. C'est le cas 10 fois sur 10. Projetez une image de confiance et votre cerveau va se préparer pour des pensées confiantes qui créeront des actions confiantes.

3. Aperçu de vos actions. Faire les choses selon son pur instinct au lieu d'avoir une idée de ce qui serait le moyen idéal de les faire sont deux approches complètement différentes à une circonstance, mais une des approches peut parfois être correcte tandis que l'autre pourrait mieux fonctionner en d'autres circonstances. Prévisualiser vos actions avant de les entreprendre est similaire à l'utilisation des visualisations, mais la différence est que vous allez créer une courte image mentale de ce que vous voulez faire juste avant de le faire. Fermez vos yeux pour une, deux ou trois secondes, si le temps permet d'ajouter quelques secondes de plus et imaginez-vous en train d'effectuer l'action que vous essayez d'accomplir, puis ouvrez vos yeux et effectuez cette action. Vous remarquerez que vous êtes beaucoup plus précis dans votre action que jamais.

Rappelez-vous, lors de la méditation pour la force mentale, vous allez mettre pratiquer les compétences décrites ci-dessus de sorte que vous pouvez les appliquer sous des conditions mentales difficiles et surmonter ces difficultés avec lesquelles d'autres luttent encore.

CHAPITRE 11: MÉDITER POUR RESOUDRE DES PROBLEMES

Qu'est-ce que cela signifie de méditer pour la résolution de problèmes?

Eh bien, si vous avez un problème, votre cerveau pourrait avoir la solution, mais lorsque vous êtes occupé à penser à un million de choses et a en faire 10 autres en même temps, consciemment ou inconsciemment, ce sera impossible. En ralentissant votre activité cérébrale et en calmant vos émotions grâce à des techniques de méditation et de respiration appropriées, il vous sera alors plus facile de vous concentrer sur un seul problème à la fois et de trouver des alternatives ou des solutions possibles pour résoudre ce problème.

C'est ce que la méditation fait de mieux. Elle simplifie les choses à une idée ou une pensée et se concentre uniquement sur ce point. Ces pensées peuvent être simplement des pensées positives ou des idées ou cela pourrait également être des problèmes auxquels vous devez trouver des solutions pour.

Lorsque vous créez un moment précis pour méditer, vous créez également le temps de résoudre un problème que vous rencontrez qui, autrement, n'aurait tout simplement pas eu un temps dédié.

C'est un autre résultat positif de la méditation que la plupart des bodybuilders manquent de considérer et manquent d'avoir toutes les possibilités pour trouver des alternatives aux erreurs de la vie qui ne sont jamais corrigées, car ils ont choisi de ne pas méditer.

Quels types de problèmes puis-je résoudre lors de la méditation?

Tout problème que vous pourriez avoir peut être analysé par l'esprit et parfois vous trouvez immédiatement la solution, tandis que d'autres fois cela peut prendre beaucoup plus de temps ou peut même ne jamais arriver. Le cerveau a la capacité de trouver ce que vous cherchez si vous prenez le temps de vous y concentrer. Le vrai problème est de ne pas prendre le temps de vous consacrer à trouver une solution et de lui donner l'attention qu'il mérite.

Pourquoi méditer pour résoudre un problème est important pour moi?

En tant que bodybuilder, vous êtes constamment mis au défi et poussé, ce qui à son tour signifie que vous avez constamment de nouveaux problèmes à résoudre chaque jour, chaque heure, chaque mois. En ne vous préparant pas à surmonter ces nouveaux défis, vous autorisez le hasard u la chance a devenir plus précieux que votre capacité mentale pour résoudre vos problèmes. Cela ne devrait jamais être le cas. Rappelez-vous, "La chance vient à ceux qui sont prêts". Soyez prêts à avoir de la chance.

Cinq choses à prendre en compte lors de la résolution de problèmes sont:

1. Ne jamais sur-analyser un problème au point où il devient un gros problème.

2. Toujours autoriser votre esprit à essayer de nouveau lorsque vous ne trouvez pas une solution instantanément lors de la méditation. Vous pourriez trouver une solution lors de la deuxième ou troisième fois que vous méditez sur le même problème.

3. Chaque problème a une solution. Méditer vous aidera à rechercher une solution à un problème, mais gardez à l'esprit que vous pourriez avoir besoin de l'intervention de quelqu'un d'autre pour mieux le résoudre. Il faut donc toujours être assez humble pour accepter des conseils ou pour demander de l'aide.

4. Tous les problèmes doivent être résolus. Si quelque chose est si infime de taille qu'il ne mérite aucune attention, alors sautez et passez aux choses importantes qui feront un plus grand impact dans vos résultats.

5. Méditer vous aidera à résoudre de nombreux problèmes, mais parfois la visualisation vous prendra un peu plus loin, ce qui est souvent nécessaire lorsque vous

avez besoin de voir des images mentales et des vidéos mentales de ce qui se passe réellement.

Rappelez-vous, méditer pour la résolution de problèmes est une grande utilité de la méditation, mais pas la seule utilisation. Utilisez votre temps à bon escient lors de la méditation afin que vous en profitiez au maximum, puisque l'esprit vous donnera la meilleure qualité de concentration pour un intervalle de temps spécifique, puis le reste du temps ne sera pas aussi productif, et c'est alors que vous saurez que vous avez terminé et qu'il est temps de mettre fin à la session.

COMMENTAIRES DE LA FIN

Méditer est le prochain niveau d'évolution pour les athlètes. L'entraînement physique continuera à être la norme et de nouvelles et meilleures façons de formation continueront à venir, mais l'évolution de l'esprit fera le changement le plus grand et le plus influent dans les années à venir. Les athlètes améliorés mentalement sont l'avenir et vous pouvez y être dès le premier coup ou le dernier, c'est votre choix. Vous décidez! Commencez et voyez comment la méditation aura des effets positifs pour changer votre vie en meilleure et en plus positive.

PLUS DE TITRES PAR CET AUTEUR

The Ultimate Guide to Weight Training Nutrition: Maximize Your Potential

By Joseph Correa

Becoming Mentally Tougher In Bodybuilding by Using Meditation: Reach Your Potential by Controlling Your Inner Thoughts

By Joseph Correa

www.ingramcontent.com/pod-product-compliance
Lightning Source LLC
Chambersburg PA
CBHW070147080526
44586CB00015B/1874